Fortsetzung auf der 3. Umschlagseite.

# Sammlung

# Außerdeutscher Strafgesetzbücher

in deutscher Übersetzung.

Herausgegeben von den Schriftleitungen

der

**Zeitschrift für die gesamte Strafrechtswissenschaft**

und der

**Mitteilungen der Internationalen Kriminalistischen Vereinigung.**

XXXIV.

**Das türkische Strafgesetzbuch.**

BERLIN 1912.

**J. Guttentag, Verlagsbuchhandlung,**

G. m. b. H.

# Das türkische Strafgesetzbuch

vom 28. Zilhidje 1274 (9. August 1858)

mit

**Novelle** vom 6. Djemazi-ül-achyr 1329 (4. April 1911)

und **den wichtigsten türkischen Strafnebengesetzen.**

Deutsche Übersetzung

nebst Einleitung und Anmerkungen

von

**Dr. jur. Erich Nord.**

BERLIN 1912.

**J. Guttentag, Verlagsbuchhandlung,**

**G. m. b. H.**

# Inhaltsverzeichnis.

# Literaturverzeichnis.

Düstin, Amtliche türkische Gesetzsammlung. (Sie enthält in 4 Bänden uud 4 Nachträgen — Zeïl — alle bis zum Jahre 1302/1886 publizierten Gesetze und Verordnungen. Zurzeit wird eine neue Folge herausgegeben, deren 1. Band, enthaltend die von 1325—1326/1909—1910 veröffentlichten Gesetze und Verordnungen, bereits erschienen ist.)

Young, George, Corps de Droit Ottoman. Recueil des Codes, Lois, Règlements, Ordonnances et Actes les plus importants du Droit Intérieur et d'Etudes sur le Droit Coutumier de l'Empire Ottoman. Vol. I-VII. Oxford 1905/6.

Heidborn, Droit Public et Administratif de l'Empire Ottoman, Livraison I und II, Leipzig 1908/9.

Aristarchi, Législation Ottomane ou Recueil des Lois, Règlements, Ordonnances, Traités, Capitulations et autres documents officiels de l'Empire Ottoman publié par Démetrius Nicolaïdes, 7 volumes, 1873 - 88.

Gerichtszeitung (Djeridé-i-mehakim, vom Justizministerium in den Jahren 1295—1317 (1902) herausgegebene Wochenschrift, enthaltend alle wichtigen Justizgesetze. Reglements, Erlasse und Urteile)

Zeitung der ordentlichen Gerichte (Djeridé-i-mehakim-i-adlijé, vom Justizministerium vom Jahre 1295/1902 an herausgegebene Wochenschrift, enthaltend wichtigere Justizgesetze, Reglements, Erlasse und Gerichtsentscheidungen").

Karakotsch Sergis, Kommentar zum türkischen Strafgesetzbuch, 1329.

Yorgaki, Commentaire du Code Pénal Ottoman.

Ahmed Djemal, Strafgesetztheorien, Stambul 1329.

# Einleitung.

Das heutige türkische Strafrecht schöpft aus zwei verschiedenen Quellen: dem sogen. Scheriat d. h. dem aus dem Koran im letzten Grunde sich ableitenden alten mohammedanischen heiligen Recht, und dem französischen Strafrecht.

Das Scheriat war, wie auf allen Rechtsgebieten der Türkei, so auch auf dem des Strafrechts, bis in die erste Hälfte des vorigen Jahrhunderts allein maßgebend. Wenn auch die Praxis sich schon vorher in vielfacher Beziehung über seine starren Formen und strengen Rechtsregeln hinwegzusetzen begonnen hatte, so sah doch noch das bekannte Reskript von Gülhané im Jahre 1839, das den Ausgangspunkt der neuen Ära und des Eindringens europäischen Geistes in die Türkei bezeichnet, die längst als notwendig erkannte Reformierung des Strafrechts immer nur auf Grundlage des Scheriat für durchführbar an. Gleichwohl machen sich von diesem Zeitpunkte an die ersten Anzeichen einer grundsätzlichen Loslösung von den Ideen des letzteren bemerkbar. Im Jahre 1858 erfolgte dann, unvermittelt und ohne vorbereitenden Übergang, durch einen einzigen gesetzgeberischen Akt die Rezeption des französischen Strafrechts.

Dieser gesetzgeberische Akt war die Veröffentlichung des in der Hauptsache noch heute geltenden und den Gegenstand der nachfolgenden Übersetzung bildenden türkischen Strafgesetzbuches vom 28. Zilhidje 1274 (9. August 1858).

Im Großen und Ganzen betrachtet, stellt das türkische Strafgesetzbuch in seiner ursprünglichen Fassung kein selbständiges, neuartige Gedanken enthaltendes Gesetzeswerk dar. Es läßt sich eher als ein Auszug aus dem Code Pénal Français vom 12. Februar 1810 bezeichnen, dem es nicht nur äußerlich im Aufbau, sondern bis in die Einzelheiten des Strafsystems und der strafrechtlichen Begriffe hinein nachgebildet ist. Wie weit der türkische Gesetzgeber sich seinem Vorbilde angeschlossen hat, zeigt die Tatsache, daß an zahlreichen Stellen ganze Artikelserien wörtlich übernommen worden sind. An anderen sind freilich wieder Abweichungen zu bemerken, die keineswegs nur redaktioneller Natur sind [1]).

[1]) Um eine Vergleichung der beiden Gesetze zu erleichtern, ist in der nachstehenden Übersetzung bei den mit dem französichen Original wörtlich oder fast wörtlich übereinstimmenden Gesetzesartikeln jedesmal in der Anmerkung auf die betreffende Parallelstelle des Code Pénal hingewiesen worden.

Wie schon aus dem oben kurz angedeuteten, geschichtlichen Entwicklungsgange erhellt, ist nun die Rezeption des französischen Strafrechts nicht in dem Sinne erfolgt, daß dabei zugleich eine Verschmelzung zwischen den altmohammedanisch-orientalischen und den westeuropäischen Strafrechtstheorien stattgefunden hat. War dies bei der grundsätzlichen Verschiedenheit der beiderseitigen Rechtsauffassungen an und für sich so gut wie unmöglich, so kam in dem vorliegenden Falle noch hinzu, daß der Anschluß der Türkei an eins der europäischen Strafrechtssysteme nicht etwa die natürliche Folge eines Wandels der Rechtsanschauungen im türkischen Volke war. Maßgebend waren hierfür vielmehr Gründe politischer Zweckmäßigkeit: man wollte dem Verlangen der Signatarmächte des Pariser Kongresses vom Jahre 1856 Rechnung tragen, die ihre Bereitwilligkeit, dem Wunsche der Türkei nach Beseitigung der schon damals als drückender Zwang empfundenen Kapitulationen näher zu treten, von der schleunigen Einführung gesetzgeberischer Reformen abhängig machten.

Unter diesen Umständen konnte aber auch keine Rede davon sein, daß das Strafrecht des Scheriat, obwohl es neben dem, ein in sich abgeschlossenes Ganze bildenden französischen Strafrechtssysteme eigentlich völlig überflüssig geworden war, außer Kraft gesetzt wurde. Kein türkischer Gesetzgeber hätte dies bis zum heutigen Tage dem türkischen Volke gegenüber, das in seiner großen Masse zäh an den altüberlieferten religiösen Ideen festhält, je gewagt.

Immerhin konnte es nicht ausbleiben, daß gewisse Bestimmungen des Scheriat mit der Zeit durch die Praxis abrogiert wurden. Dahin gehören vor allem die vom Scheriat aufgestellten Deliktsbegriffe der Rebellion, des Diebstahls und Raubes, der Verleumdung, des unerlaubten Beischlafs und des Trinkens berauschender Getränke. Soweit das Strafgesetzbuch eigene Vorschriften darüber enthielt, traten diese einfach stillschweigend an deren Stelle.

Dagegen blieb bestehen und besteht noch heute der Teil des Scheriatstrafrechts, der sich aus der Idee herleitet, daß die Bestrafung des Täters lediglich ein Ausfluß der Privatrache sei. Darunter fallen diejenigen strafbaren Handlungen, die sich gegen Leib und Leben richten, also Tötung und Körperverletzung. Da sie nach der Auffassung des Scheriat ausschließlich unter dem Gesichtspunkte des Eingriffs in die Individualrechtssphäre des Menschen zu betrachten sind, so gilt ihre Sühnung als alleiniges und persönliches Recht des Betroffenen (des Verletzten bzw. — bei Tötung — der Erben) und die Bestrafung gebührt daher diesem selbst und allein (Wiedervergeltungsrecht, Talion) oder kommt ihm wenigstens zu gute (Wergeld, prix du sang).

Zweifellos war es die Rücksicht auf den besonderen Charakter dieser Bestimmungen, die den türkischen Gesetzgeber seinerzeit bei der Ausarbeitung des Strafgesetzbuches veranlaßten, sie sogar ausdrücklich darin aufrecht zu erhalten (vgl. Art. 1, 9, 171, 177, 180—183 und

192), ohne daß indessen dabei die Rezeption der entsprechenden Vorschriften des französischen Strafrechts unterlassen wurde. Somit ergibt sich die eigentümliche Tatsache, daß die Delikte der Tötung und Körperverletzung in der Türkei seit dem Inkrafttreten des Strafgesetzbuches nach zwei verschiedenen und noch dazu in vielfacher Beziehung sich widersprechenden Gesetzen beurteilt und bestraft werden. Dieser Dualismus kommt schon äußerlich dadurch zum Ausdruck, daß über ein und dieselbe Tat zwei voneinander völlig unabhängige, koordinierte Gerichte nacheinander zu befinden haben: das weltliche sogen. nisamijé-Gericht, das nach dem Strafgesetzbuch, und das geistliche, sogen. Scheriat-Gericht, das nach dem heiligen Recht entscheidet. Keins dieser beiden Gerichte braucht auf die Entscheidung des anderen Rücksicht zu nehmen und tut dies in Wirklichkeit auch nicht. Selbst das vor dem einen Gericht in völlig einwandfreier Weise durchgeführte Beweisverfahren hat für das andere keinerlei Beweiswert.

Daß hierbei nicht selten Probleme auftauchen, die juristisch einfach nicht zu lösen sind, liegt auf der Hand. So kann es vorkommen, daß die über die Tat gefällten beiden Urteile Strafen aussprechen, die sich gegenseitig ausschließen. Es verurteilt z. B. das weltliche Gericht bei einem mit einem scharfen Werkzeuge begangenen Totschlage zur Strafe der Zwangsarbeit, während das Scheriaturteil auf Talion lautet, dessen Ausübung in diesem Falle die Hinrichtung des Täters zur Folge haben würde. Bis zu einem gewissen Grade hat gleichwohl die Praxis auch hier im Laufe der Jahre einen modus vivendi zu finden gewußt. Hierauf näher einzugehen, würde zu weit führen. Es sei nur so viel bemerkt, daß, wenn zwei verschiedene Urteile der beiden Gerichte vorliegen, im Prinzip die schwerere Strafe vollstreckt wird, ohne Rücksicht darauf, von welchem Gerichte sie anerkannt worden ist [1]).

Während nun das Scheriatstrafrecht, soweit es überhaupt noch angewandt wird, seit der Rezeption des französischen Rechts auf der gleichen Entwicklungsstufe stehen geblieben ist — wie denn das seit Jahrhunderten in starre Formen gegossene Scheriat schon seinem Wesen nach keiner Weiterbildung fähig ist, — hat das im Strafgesetzbuche niedergelegte weltliche Strafrecht inzwischen mancherlei Umgestaltungen erfahren. Schon im Laufe der ersten Dezennien seiner Geltung sorgte eine nicht unbedeutende Reihe kleinerer Spezialgesetze teils durch Umformung einzelner Artikel, teils durch Schaffung zahlreicher Zusätze für die Ergänzung der sich in der Praxis fühlbar machenden Lücken und für die Anpassung allzu veralteter Bestimmungen an die Bedürfnisse der Zeit.

Diese Abänderungen sind in der nachstehenden Übersetzung, die vor allem das jetzt geltende türkische Strafrecht bringen will, in den

[1]) Vgl. hierüber auch die Anmerkung zu Art. 171. Näheres über diese Fragen siehe bei Heidborn, Droit Public et Administratif de l'Empire Ottoman Bd. 2 Seite 380 ff.

laufenden Text aufgenommen worden. In den Fußnoten ist aber jedesmal des näheren darauf hingewiesen worden, daß es sich um Abweichungen von dem Urtexte handelt. Zur Veranschaulichung des Umfangs der Neuerungen dieser Art diene hier folgende chronologische Zusammenstellung der fraglichen Spezialgesetze nebst den davon betroffenen Artikeln:

1. Gesetz vom 3. Djemazi-ül-achyr 1277/1861 betr. Art. 62, 63, 99, 179, 180, 198, 200—202, 206, 230;
2. Gesetz vom 7. Zilhidje 1278/1862 betr. Art. 19;
3. Gesetz vom 23. Rebi-ül-achyr 1281/1864 betr. Art. 166;
4. Gesetz vom 18. Djemazi-ül-achyr 1284/1868 betr. Art. 7;
5. Gesetz vom 3. Rebi-ül-achyr 1285/1869 betr. Art. 230;
6. Gesetz vom 4. Muharrem 1286/1870 betr. Art. 264;
7. Gesetz vom 1. Ramazan 1291/1874 betr. Art. 217—219;
8. Gesetz vom 27. Rebi-ül-achyr 1292/1875 betr. Art. 177;
9. Gesetz vom 14. Rebi-ül-achyr 1293/1876 betr. Art. 222;
10. Gesetz vom 1. Muharrem 1298/1880 betr. Art. 50, 51, 53, 54, 55, 58 und 60;
11. Gesetz vom 22. Redjeb 1307/1890 betr. Art. 163 und 164;
12. Gesetz vom 19. Zilkade 1309/1892 betr. Art. 58 und 66;
13. Gesetz vom 7. Djemazi-ül-achyr 1310/1893 betr. Art. 157;
14. Gesetz vom 28. Djemazi-ül-achyr 1311/1894 betr. Art. 133;
15. Gesetz vom 5. Schaban 1321/1903 betr. Art. 166;
16. Gesetz vom 2. Djemazi-ül-evel 1324/1906 betr. Art. 58;
17. Gesetz vom 25. Sefer 1325/1907 betr. Art. 156;
18. Gesetz vom 27. Sefer 1326/1908 betr. Art. 58.

Dem mit der Einführung der Konstitution im Jahre 1908 neuerwachten Rechtsleben der Türkei genügten indessen die trotz der vereinzelten Abänderungen im Großen und Ganzen äußerst rückständigen, den modernen Strafrechtstheorien in keiner Weise Rechnung tragenden Vorschriften des Strafgesetzbuches nicht mehr. Die junge Türkei betrachtete es daher als eine ihrer ersten und wichtigsten Aufgaben auf dem Gebiete der Justizgesetzgebung, das Strafrecht von Grund aus zu reformieren. Bei der Fülle der gesetzgeberischen Aufgaben, die damals an die neue Regierung herantraten, mußte freilich die Ausführung dieser Absicht hinter dem guten Willen zurückbleiben. Die von der Regierung eingesetzte Reformkommission erkannte sehr bald, daß die Abfassung eines ganz neuen Strafgesetzbuches jahrelange, ernste Vorarbeiten erfordern würde, die auszuführen auch wohl kaum geeignete Kräfte in genügender Zahl zu finden gewesen wären. So beschloß man denn, sich vorerst mit einem Provisorium zu begnügen und das alte Strafgesetzbuch nur einer eingehenden Revision nach dem Vorbilde eines der modernen europäischen Strafgesetze — als solches wurde das italienische gewählt — zu unterziehen. Die Frucht dieser Arbeit — zugleich das erste größere Gesetzeswerk der Türkei unter dem konstitutionellen Regime — ist die am 6. Djemazi-ül-achyr 1329 (4. Juni 1911) sanktionierte und am

16. August des gleichen Jahres in Kraft getretene Novelle zum Strafgesetzbuch.

Die Novelle bringt etwa 70 Artikel des alten Strafgesetzbuches, also fast den dritten Teil desselben, in neuer Fassung. Läßt sich schon aus diesem Umfange schließen, daß sie eigentlich mehr als ein bloßes Provisorium darstellt, so wird man in dieser Auffassung bei näherer Betrachtung der einzelnen abgeänderten Artikel nur bestärkt. Wenn die Novelle natürlich auch kein neues Strafrechtssystem schafft und schaffen will, so ist es ihr doch gelungen, die aus dem Code Pénal Français übernommem, veralteten Rechtsideen des Strafgesetzbuches in geschickter Weise an die modernen Strafrechtstheorien anzuschließen und mit ihnen zu verschmelzen.

Als die wichtigsten Neuerungen der Novelle lassen sich bezeichnen:

Im allgemeinen Teil des StrGB. (Art. 1—47) die Einführung einer Reihe von allgemeinen Strafrechtsbegriffen, die dem türkischen Strafrecht bisher schon aus dem Grunde völlig fremd waren, weil sie zur Zeit der Abfassung seines Vorbildes, des Code Pénal Français, also vor mehr denn hundert Jahren, noch nicht oder wenigstens nicht in der heutigen Ausgestaltung existierten, wie Notwehr (Zusatz zum Art. 42), selbständige und unselbständige Teilnahme am Verbrechen (Art. 45); Verbrechensversuch (Art. 46) und mildernde Umstände (Art. 47);

im besonderen Teile des StrGB. (Art. 48—265) die Neuordnung der Abschnitte über Bestechung (Art. 67—81), Widerstand gegen die Staatsgewalt (Art. 112—116), Tötung und Körperverletzung (Art. 168—191), Sittlichkeitsverbrechen (Art. 197—202) und Beleidigung (Art. 213—215).

Der besseren Übersicht halber sind in der nachfolgenden Übersetzung die durch die Novelle abgeänderten Bestimmungen ebenfalls in den laufenden Text eingeschoben worden, und zwar treten sie durch Schrägschrift hervor, während die alte Fassung in kleinerem Drucke und etwas eingerückt unmittelbar darauf folgt.

# Einleitende Bestimmungen.

## Erster Abschnitt.

### Die verschiedenen Arten der strafbaren Handlungen und Grade der Strafen im allgemeinen sowie einige allgemeine Grundsätze.

Art. 1. Wie es dem Staate gebührt, die unmittelbar gegen die Regierung gerichteten strafbaren Handlungen in Strafe zu nehmen, so gehört auch die Bestrafung der an dem Einzelnen begangenen strafbaren Handlungen unter dem Gesichtspunkte der Störung des Rechtsfriedens zu den Aufgaben des Staates. Aus diesem Grunde bestimmt das vorliegende Gesetzbuch auch die einzelnen Grade der Strafbarkeit, die festzusetzen und in Anwendung zu bringen nach dem Scheriat der Obrigkeit zukommt. Davon dürfen jedoch die im Scheriat anerkannten Individualrechte[1]) keinesfalls berührt werden.

Art. 2. Die strafbaren Handlungen, für die das Gesetz Strafen vorsieht, scheiden sich in drei Arten: 1. Verbrechen, 2. Vergehen, 3. Übertretungen.

Art. 3. Verbrechen sind Handlungen, die mit Abschreckungsstrafen[2]) bedroht sind. Abschreckungsstrafen sind: Tod; mit öffentlichen Schaustellung verbundene, lebenslängliche oder zeitige Zwangsarbeit; Festungshaft[3]); lebenslängliche Verbannung; dauernde Enthebung von Würden und Ämtern; Verlust der bürgerlichen Ehrenrechte.

Art. 4. Vergehen sind Handlungen, die mit Besserungsstrafen[4]) bedroht sind. Als solche gelten: Gefängnis von mehr als einer Woche; zeitige Verbannung; Entsetzung von einem Amte; Geldstrafe[5]).

Art. 5. Übertretungen sind Handlungen, die mit Ordnungsstrafen bedroht sind. Als solche gelten: Gefängnis von vierund-

---

[1]) Vergl. hierüber Anmerkung zu Art. 171.

[2]) Dies ist die wörtliche Übersetzung des türkischen Ausdrucks. Sinngemäß müßte es etwa heißen: „eine die Unschädlichmachung des Täters bezweckende Strafe. „Die Einteilung ist dem franz. StrGB. Art. 6—9 entnommen und der dort gebrauchte Ausdruck: „peines affectives" — im Gegensatze zu „peines infamantes" offenbar unzutreffend im Türkischen wiedergegeben.

[3]) Nach türkischer Auffassung hat die Festungshaft, anders als bei uns, den Charakter einer entehrenden Strafe.

[4]) Der türkische Ausdruck ist offenbar eine ungenaue Übersetzung des französischen „peine infamante".

[5]) Dazu kommt nach dem Landstreichergesetz vom 19. Rebi-iilachyr 1327/1909 Art. 12, 13, 19 und 20 (siehe Anhang III) noch die Prügelstrafe.

zwanzig Stunden bis zu einer Woche; Geldstrafe bis zu höchstens hundert Piastern[1]).

Art. 6. Die erwähnten Strafen werden in den gesetzlich vorgesehenen Fällen teils einzeln, teils gleichzeitig nebeneinander verhängt.

Art. 7. Haben Personen, die zu zeitiger Verbannung, Gefängnis, zeitiger Festungshaft oder zeitiger Zwangsarbeit verurteilt worden sind, (vor Abbüßung der Strafe) die Flucht ergriffen, so wird der Rest ihrer Strafzeit um den dritten Teil bis höchstens die Hälfte der ursprünglichen Strafzeit verlängert.

War der Flüchtling mit lebenslänglicher Verbannung bestraft, so wird die Strafe in lebenslängliche Festungshaft umgewandelt; lautete die Strafe eines Flüchtlings auf lebenslängliche Festungshaft, so tritt dafür lebenslängliche Zwangsarbeit ein.

Zusatz: (Durch die Novelle aufgehoben).

Alte Fassung[2]): Ein zu zeitiger Zwangsarbeit, Festungshaft, Verbannung oder Gefängnis Verurteilter, der während der Strafverbüßung ein Verbrechen, ein Vergehen oder eine Uebertretung begeht, hat die gesetzlich dafür angedrohte Strafe, mag die strafbare Handlung leichter, von derselben Art oder schwerer sein als die früher begangene, voll abzubüßen, falls das Strafmaß ein fest bestimmtes ist; sind verschiedene Strafgrade anwendbar, so findet nur der Niedrigste Anwendung; in beiden Fällen beginnt die Vollstreckung der neuen Strafe nach Ablauf der restlichen ersten Strafzeit.

Begeht ein lebenslänglich Verbannter ebenfalls während der Strafverbüßung ein Vergehen, eine Uebertretung oder ein mit einer zeitlichen Strafe bedrohtes Verbrechen, so hat er die ihm dieserhalb zuerkannte Strafe, welcher Art sie auch sein mag, an dem von der Regierung bestimmten Orte zu verbüßen und wird alsdann in seinen früheren Zustand und an seinen vorherigen Aufenthaltsort zurückversetzt. Zieht das begangene Verbrechen lebenslängliche Zwangsarbeit oder lebenslängliche Festungshaft nachsich, so tritt diese Strafe an Stelle der lebenslänglichen Verbannung. Besteht die wegen des Verbrechens verwirkte neue Strafe aber ebenfalls in lebenslänglicher Verbannung, so wird diese in Festungshaft von vier Jahren umgewandelt, nach deren Verbüßung der Sträfling an den Ort seiner Verbannung zurückzukehren hat.

Ein zu lebenslänglicher Zwangsarbeit oder lebenslänglicher Festungshaft Verurteilter, der (während der Strafverbüßung) eine strafbare Handlung begeht, die das Gesetz mit einer zeitlichen Strafe belegt, wird während eines Drittels dieser Strafzeit in verschärfter Einzelhaft gehalten. Nach deren Verbüßung wird er in den früheren Zustand zurückversetzt. Ist die strafbare Handlung, die ein solcher Sträfling begeht, ein Verbrechen derselben oder schwererer Art, als dasjenige, auf Grund dessen seine frühere Verurteilung erfolgte, so tritt die verschärfte Haft auf sechs Jahre ein.

---

[1]) 1 Piaster = ca. 18½ Pfg.

[2]) Dieser Anhang zu Art. 7 beruhte auf Gesetz vom 18. Djemazi-ül-evoel 184/18682 (siehe darüber die Einleitung S. VI).

*Art. 8. Für Rückfällige gelten folgende Strafbestimmungen:*

*Wenn jemand, der zu einer abschreckenden Strafe rechtskräftig verurteilt worden war, während der Strafzeit oder innerhalb von zehn Jahren nach Verbüßung der Strafe oder nach dem aus gesetzlichen Gründen erfolgten Erlaß derselben eine strafbare Handlung begeht, auf welcher die Strafe der lebenslänglichen Zwangsarbeit steht, so wird er, falls auch schon das frühere Urteil auf lebenslängliche Zwangsarbeit lautete, mit dem Tode bestraft. Begeht er eine strafbare Handlung, auf welcher die Strafe der lebenslänglichen Verbannung steht, so wird er mit lebenslänglicher Festungshaft bestraft.*

*Steht auf der zweiten strafbaren Handlung die Strafe der lebenslänglichen Festungshaft, so wird der Rückfällige zu lebenslänglicher Zwangsarbeit verurteilt.*

*Steht auf der zweiten strafbaren Handlung die Strafe der zeitigen Festungshaft oder der zeitigen Zwangsarbeit, so wird die verwirkte Strafe verdoppelt und nötigenfalls kann die für solche Strafen angesetzte Höchstgrenze von fünfzehn Jahren auf das Doppelte erweitert werden.*

*Wenn jemand, der zu einer Gefängnisstrafe von mehr als einem Jahre rechtskräftig verurteilt worden ist, sei es vor Antritt der Strafe, sei es während der Strafzeit, sei es innerhalb von fünf Jahren nach Verbüßung der Strafe oder nach dem aus gesetzlichen Gründen erfolgten Erlaß derselben, ein gleichartiges Vergehen verübt, so wird er zu dem für diese Strafe angesetzten Höchstmaß verurteilt, welches nötigenfalls verdoppelt wird.*

*Wenn jemand, der zu einer Gefängnisstrafe von weniger als einem Jahre rechtskräftig verurteilt worden ist, sei es vor Antritt der Strafe, sei es während der Strafzeit, sei es innerhalb von fünf Jahren nach Verbüßung der Strafe oder nach dem aus gesetzlichen Gründen erfolgten Erlaß derselben, ein gleichartiges Vergehen verübt, so wird er zu einer Gefängnisstrafe verurteilt, die nicht niedriger ist als das Doppelte der früher erkannten Strafe und anderseits das Doppelte der zu erkennenden Strafe nicht überschreitet [1].*

*Bei Rückfall werden die Vergehen der Urkundenfälschung, des Diebstahls, des Betrugs und der Untreue als gleichartige Vergehen angesehen.*

*Der Rückfall setzt voraus eine frühere Verurteilung vor einem ordentlichen Gericht [2].*

Alte Fassung: Von den im Gesetz enthaltenen Ausnahmen abgesehen, werden Rückfällige zur doppelten Strafe verurteilt.

Art. 9. Die Erkennung und Vollstreckung der oben aufgeführten Strafen erfolgt unbeschadet der Geltendmachung etwaiger Rechte

---

[1]) Besondere Rückfallsbestimmungen enthalten: das Stempelgesetz vom 25. Zilhidje 1323/1906, Art. 5 (s. Anm. zu Art. 149 StrGB.); das Markenschutzgesetz vom 29. Schaban 1305/1888, Art. 18 (s. Anm. zu Art. 150 StrGB.); das Patentgesetz vom 11. Rebi-iil-achyr 1297/1879, Art. 47 (s. Anm. zu Art. 241 StrGB.); das Preßgesetz Art. 22 (s. Anhang I); das Druckereigesetz Art. 22 (s. Anhang II); das Landstreichergesetz Art. 8 und 14 (s. Anhang III); das Pulverreglement vom 8. Muharrem 1293/1876 (s. Anm. zu Art. 166 StrGB.).

[2]) D. h. vor dem weltlichen (nisamijé) oder vor dem geistlichen (sogen. Scheriat-) Gericht (s. Einleitung) im Gegensatz z. B. zu den Kriegsgerichten.

und Schadenersatzansprüche seitens der Betroffenen gegenüber den Urhebern der strafbaren Handlungen.

Art. 10. Wenn neben einer Geldstrafe zugleich auf Rückgabe gestohlener Gegenstände, Leistung von Schadenersatz und ähnlichem mehr erkannt worden ist, so hat in erster Linie die Rückgabe der gestohlenen Gegenstände und die Schadenersatzleistung zu erfolgen[1]).

*Art. 11. Die Gerichtskosten fallen dem Verurteilten zur Last. Mehrere Personen, die wegen ein und derselben strafbaren Handlung verurteilt worden sind, haften für die Rückgabe der Vermögensobjekte und die Leistung des Schadenersatzes sowie für die Zahlung der Gerichtskosten als Gesamtschuldner mit der Maßgabe, daß jedem einzelnen ein Regreßanspruch gegenüber den anderen in Höhe der diesen zufallenden Anteile zusteht.*

*Die Haftung mehrerer Personen, die wegen verschiedener strafbaren Handlungen durch ein einziges richterliches Erkenntnis verurteilt worden sind, als Gesamtschuldner erstreckt sich nur auf diejenigen Gerichtskosten, die infolge der die gemeinschaftliche Verurteilung herbeiführenden strafbaren Handlung entstanden sind.*

Alte Fassung: Ein auf Geldstrafe, Rückgabe gestohlener Vermögensobjekte, Schadenersatz, Zinsen und andere Kosten lautendes Urteil wird im Falle der Weigerung des Verurteilten durch Schuldhaft vollstreckt[2]).

*Art. 12. Bei Verbrechen und Vergehen kann zugleich auch auf Stellung unter Polizeiaufsicht und auf Einziehung der bei der strafbaren Handlung gebrauchten oder zum Gebrauch vorbereiteten oder durch die Begehung derselben hervorgebrachten Gegenstände, sofern sie nicht einer bei der strafbaren Handlung unbeteiligten Person gehören, erkannt werden.*

*In jedem Falle werden solche Gegenstände eingezogen, deren Herstellung, Gebrauch, Tragen, Aufbewahrung, Kauf und Verkauf an und für sich eine strafbare Handlung bildet, auch wenn eine Verurteilung zu einer Strafe nicht stattfindet und diese Gegenstände dem Täter nicht gehören.*

Alte Fassung: Bei Verbrechen und Vergehen kann zugleich auch auf Stellung unter Polizeiaufsicht, Geldstrafe und gesonderte Einziehung der durch das Verbrechen und Vergehen hervorgebrachten oder zur Verübung desselben gebrauchten oder bestimmt gewesenen Gegenstände erkannt werden.

Art. 13. Wer ein Verbrechen oder Vergehen verübt hat, welches die innere und äußere Ruhe des Staates zu stören geeignet ist, wird nach Ablauf der nach dem Gesetz zu bestimmenden Strafzeit in jedem Falle unter Polizeiaufsicht gestellt[3]).

Art. 14. Die Stellung unter Polizeiaufsicht hat die Wirkung, daß der Verurteilte an gewissen vom Staate zu bestimmenden Orten nicht wohnen darf; daß er ferner den Ort, den er zum Wohn-

---

[1]) Vergl. franz. StrGB. Art. 54.
[2]) Vergl. franz. StrGB. Art. 52.
[3]) Vergl. franz. StrGB. Art. 49.

sitz nehmen will, und die Plätze, die er auf seiner Reise dorthin berühren wird, bestimmt anzugeben hat, worüber in seinem Passierschein[1]) ein Vermerk aufzunehmen ist; daß er schließlich bei seiner Ankunft an diesem Orte binnen 24 Stunden der Behörde davon Anzeige erstatten, und, falls er seinen Aufenthaltsort wechseln will, der Ortsbehörde drei Tage vorher Nachricht geben und von neuem einen Passierschein nehmen muß.

Hält er diese Vorschriften nicht ein, so wird er mit Gefängnis von nicht mehr als einem Jahre bestraft[2]).

Die Stellung unter Polizeiaufsicht ist nur in den durch das Gesetz vorgesehenen Fällen zulässig[3]) [4]).

Art. 15. Verbrechen, Vergehen und Übertretungen werden nach den Gesetzen und Verordnungen bestraft, die zur Zeit ihrer Entdeckung durch die Regierung oder der Einreichung einer Klage in Kraft sind. Die Bestrafung nach einem später ergangenen Gesetz ist unzulässig.

## Zweiter Abschnitt.

### Von den Strafen für Verbrechen im besonderen.

Art. 16. Die Todesstrafe wird über Personen verhängt, welche die weiter unten aufgezählten Verbrechen begangen haben.

Der zum Tode Verurteilte wird erst hingerichtet, wenn die mit der Kaiserlichen Tughra[5]) versehene Kabinettsorder, enthaltend die Feststellung des Verbrechens und seine Verurteilung, auf der Richtstätte öffentlich verlesen worden ist.

Art. 17. Der Leichnam des Hingerichteten wird in Ermanglung von Erben der Gemeinde, der er angehörte, zur Beerdigung übergeben.

Art. 18. Behauptet eine zum Tode verurteilte Frau, schwanger zu sein, und wird ihre Schwangerschaft festgestellt, so wird die Strafe nach der Entbindung vollstreckt[6]).

Art. 19. Die Zwangsarbeit besteht in der Anhaltung des dazu Verurteilten zu den härtesten Arbeiten unter Anlegung von Ketten an den Füßen.

Mit der Strafe der Zwangsarbeit ist die Strafe der Schaustellung

---

[1]) Bezüglich der Auslandspässe bestimmt das Paßgesetz vom 6. Djemazi-iil-achyr 1329/1911 in Art. 5 folgendes:

„Unter Polizeiaufsicht stehenden Personen sowie solchen, denen die Abreise gerichtlich untersagt ist, darf kein Paß erteilt werden."

[2]) Vergl. franz. StrGB. Art. 44 und 45.

[3]) Solche Fälle sind: Art. 13, 40, 64, 65, 147, 151 StrGB.; ferner Landstreichergesetz (s. Anhang III) Art. 15.

[4]) Vergl. franz. StrGB. Art. 50.

[5]) Tughra oder Kaiserliches Handzeichen ist ein, Namen und Titel des Sultans in kunstvoll verschlungenen Linien enthaltendes Monogramm, das sich am Kopfe großherrlicher Erlasse und dergl. befindet.

[6]) Vergl. franz. StrGB. Art. 27.

verbunden. Diese wird in der Weise vollzogen, daß der Verurteilte auf einen öffentlichen Platz oder an eine verkehrsreiche Stelle seines Aufenthaltsorts gebracht und dort unter Anheftung eines mit großen, starken Buchstaben geschriebenen Auszugs des die Verurteilung aussprechenden Gerichtsbeschlusses an seine Brust zwei Stunden hindurch der Volksmenge gezeigt wird, worauf nach Anlegung von Ketten an seinen Füßen die Überführung nach dem Straforte erfolgt.

Auf Personen, die unter 18 Jahre oder über 70 Jahre alt sind, findet die Strafe der Schaustellung keine Anwendung.

Ebenso sind ihr nicht unterworfen die Ulemas[1]), Scheichs[2]), Vorbeter, Imams[3]) und Geistlichen anderer Religionsgemeinschaften[4]) [5])

Art. 20. Die lebenslängliche Zwangsarbeit besteht darin, daß der Verbrecher zu den härtesten Arbeiten bis an sein Lebensende an den vom Staate zu bestimmenden Plätzen nach Schaustellung und mit Ketten an den Füßen angehalten wird[6]).

Art. 21. Die zeitige Zwangsarbeit besteht darin, daß der Verurteilte gleichfalls nach Schaustellung und unter Anlegung von Ketten an den vom Staate zu bestimmenden Plätzen drei bis fünfzehn Jahre hindurch zu den härtesten Arbeiten angehalten wird. Indessen kann die Strafe der Zwangsarbeit von weniger als fünf Jahren auch am Orte selbst vollstreckt werden.

Art. 22. Die Vollstreckung der Todesstrafe und der Strafe der Schaustellung ist unzulässig an Tagen, die nach der Religion des Verbrechers als Feiertage gelten[7]).

Art. 23. Die lebenslängliche Festungshaft besteht in der Einsperrung des Übeltäters in eine der vom Staate zu bestimmenden Festungen bis an sein Lebensende[8]).

Art. 24. Die zeitige Festungshaft besteht in der Einsperrung des Übeltäters für die Zeit von drei bis fünfzehn Jahren ebenfalls in eine vom Staate zu bestimmende Festung.

Art. 25. Die Festungshaft ist eine Verbindung der Gefängnisstrafe mit der Strafe der Verbannung.

---

1) Ulema = Doktoren der mohammedanisch-theologischen Wissenschaft und Jurisprudenz.

2) Scheich = Vorsteher eines mohammedanischen Mönchordens.

3) Imam = mohammedanischer Geistlicher.

4) Der letzte Absatz des Art. 6 ist durch Gesetz vom 7. Zilhidje 1278/1862 geschaffen worden.

5) Über die Anlegung von Ketten bestimmt ein Justizerlaß vom 31. Kjanun-i-sani 1899/1883 folgendes:

„Die Anlegung von Ketten an andere Personen, als die zu Zwangsarbeit verurteilten und vor der Verurteilung ist unzulässig. Die Ketten dürfen die natürlichen Bewegungen der Füße nicht behindern, sie dürfen ferner nur an die Füße — und ohne eine Tortur zu bilden — angelegt werden; auch dürfen nicht mehrere Personen am Halse, oder an den Händen miteinander durch eine Kette verbunden werden.“

6) Vergl. franz. StrGB. Art. 15.

7) Vergl. franz. StrGB. Art. 27.

8) Vergl. franz. StrGB. Art. 20

Ein Festungsgefangener kann mit innerhalb und außerhalb der Festung befindlichen Personen in Verkehr treten, soweit die ordnungspolizeilichen Vorschriften dies zulassen.

Art. 26. Die Strafen der zeitigen Zwangsarbeit und Festungshaft beginnen mit dem Tage der Bestätigung des Urteilsbeschlusses[1]).

Art. 27. Wer zu zeitiger Zwangsarbeit oder Festungshaft verurteilt worden ist, wird während seiner Strafzeit als entmündigt betrachtet. Er hat daher zur Verwaltung seiner beweglichen und unbeweglichen Güter während dieser Zeit mit Genehmigung der Regierung einen Verwalter zu bestellen und darf innerhalb dieser Zeit von seinen Einnahmen durch Vermittlung seines Verwalters nur so viel erhalten, wie in der Gefängnisordnung vorgeschrieben ist. Nach Ablauf der Strafzeit ist ihm das gesamte bewegliche und unbewegliche Vermögen zurückzugeben, und der bestellte Verwalter hat ihm über seine Verwaltung Rechnung zu legen[2]).

Art. 28. Die lebenslängliche Verbannung besteht in der Verschickung einer Person nach einem vom Staate zu bestimmenden Orte zum lebenslänglichen Aufenthalt. Auf Wunsch des Verurteilten wird auch seiner Familie die Übersiedlung dorthin gestattet.

Art. 29. Die dauernde Entbehrung von Würden und Ämtern bewirkt die Unfähigkeit des Übeltäters, fortan sei es mittelbar, sei es unmittelbar in den Dienst des Staates, in hoher oder niedriger Stellung, zu treten, eine Rangstufe zu erlangen, Gehalt zu beziehen und Orden zu tragen. Ist er Inhaber einer Rangstufe und eines Amtes, so geht er dieser Rangstufe und Stellung, sowie seines Gehaltes verlustig.

Art. 30. Die Verurteilung zu lebenslänglicher oder zeitiger Zwangsarbeit, zu lebenslänglicher Festungshaft oder zu lebenslänglicher Verbannung hat den dauernden Verlust der Rangstufe und des Amtes zur Folge[3]).

Die zeitige Festungshaft, die als eigentliche Strafe verhängt worden ist, bewirkt diesen Verlust nur für die Dauer der Strafzeit. Hat der Verurteilte seine Strafe abgebüßt, so kann er, falls seine Besserung amtlich festgestellt worden ist, in seine Laufbahn und Stellung zurücktreten, jedoch muß seitdem ein mindestens der Hälfte seiner Strafzeit entsprechende Zeitraum verstrichen sein.

Wenn die Strafe der zeitigen Festungshaft an Stelle der Zwangsarbeit ausgesprochen wurde, so tritt, wie bei den zu Zwangsarbeit Verurteilten, dauernd der Verlust der Rangstufe und des Amtes ein.

Art. 31. Die Strafe der dauernden Aberkennung der bürgerlichen Ehrenrechte besteht:

1. in dem dauernden Verlust von Würden und Ämtern gemäß Art. 29;

---

[1]) D. h. durch den Kassationshof, da alle Strafsachen wegen Verbrechen nach Art. 322 der türk. StrPO. von Amtswegen der Revision unterliegen.

[2]) Vergl. franz. StrGB. Art. 29—31.

[3]) Vergl. franz. StrGB. Art. 28.

2. in der Entziehung sämtlicher politischer Rechte, d. h. in der Unfähigkeit, ein öffentliches Amt im Staate, in der Gemeinde und in der Zunftgenossenschaft zu bekleiden;
3. in der Unfähigkeit, ein Lehramt zu bekleiden;
4. in der Unfähigkeit, in einem Prozesse als Zeuge aufzutreten, seine Aussage, falls sie zur Aufklärung des Sachverhaltes eingeholt werden muß, anders als im Sinne einer bloßen Auskunft, die auf die Entscheidung des Prozesses ohne Einfluß ist, abzugeben, sowie Prozeßvertreter zu sein;
5. in der Unfähigkeit, Vormund[1]) zu sein;
6. in der Unfähigkeit, Waffen zu tragen[2]).

Art. 32. Die Strafen der Aberkennung der Rangstellung und der bürgerlichen Ehrenrechte nach Artikel 29 und 31 werden teils mit den Strafen der lebenslänglichen oder zeitigen Zwangsarbeit oder Festungshaft oder lebenslänglichen Verbannung zusammen, teils auch als besondere, selbständige Strafen ausgesprochen. Im letzteren Falle wird zugleich auf Gefängnisstrafe von nicht mehr als drei Jahren erkannt.

Art. 33. Von den Urteilen, in denen die Todesstrafe, die Strafe der lebenslänglichen oder zeitigen Zwangsarbeit oder Festungshaft, der lebenslänglichen Verbannung und der Aberkennung der Rangstellung und der bürgerlichen Ehrenrechte ausgesprochen wird, sind Auszüge in der Hauptstadt der Provinz, in der das Urteil erlassen wurde, ferner in dem Bezirke, wo das Verbrechen begangen wurde, sowie am Orte des Strafvollzuges und an dem des Wohnsitzes des Verbrechers zu veröffentlichen, und zwar in Konstantinopel durch Anschlag an dem Polizeidirektionsgebäude, in den Provinzen durch Anschlag an die Tür der Residenz des Statthalters[3]).

## Dritter Abschnitt.

### Von den Strafen für Vergehen und Übertretungen im besonderen.

Art. 34. Die Gefängnisstrafe besteht in der Einsperrung des Übeltäters in die staatlichen Gefängnisse für die im Urteil festgesetzte Zeit.

Die Dauer der Gefängnisstrafe beträgt 24 Stunden von der Einbringung des Übeltäters in das Gefängnis an bis höchstens drei Jahre.

---

[1]) D. h. testamentarisch oder vertragsmäßig eingesetzter Vormund (türkisch: vassi) zu sein. Unberührt bleibt die Fähigkeit des Verurteilten, gesetzlicher Vormund (türkisch: veli) zu sein (vergl. über diese beiden Begriffe Anm. zu Art. 40).

[2]) Vergl. franz. StrGB. Art. 34.

[3]) Vergl. franz. StrGB. Art. 36.

Die Gefangenen werden gemäß den staatlicherseits ergangenen Anordnungen und Vorschriften zu den ihren Verhältnissen und Fähigkeiten entsprechenden Arbeiten angehalten[1]).

Art. 35. Die Strafe der zeitigen Verbannung besteht in der Entfernung des Übeltäters von seinem Wohnsitze und seiner Verschickung nach einem anderen Orte für die Zeit von drei Monaten bis zu drei Jahren.

Art. 36. Die Strafe der Amtsentsetzung besteht in der auf Grund der strafgesetzlichen Bestimmungen erfolgenden Entfernung aus einem Amte und der Einbehaltung der damit verbundenen Bezüge, und zwar für einen Zeitraum von drei Monaten bis zu sechs Jahren. Während der Strafzeit können die Verurteilten weder ein öffentliches Amt bekleiden noch Gehalt beziehen.

Für Personen, die in keinem Amte stehen, hat die Erkennung dieser Strafe die Unfähigkeit des Verurteilten zur Folge, während der Strafzeit ein Amt zu erlangen und Gehalt zu beziehen.

*Art. 37. Die Geldstrafe besteht in der Auferlegung der Zahlung eines durch das Gesetz bestimmten Geldbetrages.*

*Falls der Verurteilte innerhalb von zwei Monaten, vom Datum der Zustellung der Zahlungsaufforderung an gerechnet, die Summe, zu der er verurteilt worden ist, nicht zahlt oder nicht zahlen kann, so wird die nicht beglichene Geldstrafe durch Gerichtsbeschluß in Gefängnisstrafe umgewandelt mit der Maßgabe, daß ein Tag Gefängnis an die Stelle von einem Viertel türkischen Pfunde und Bruchteilen dieses Betrages tritt.*

*Falls aber der Verurteilte, nachdem für jeden Tag verbüßter Gefängnishaft gemäß dem vorhergehenden Absatz ein Viertel türkisches Pfund in Abzug gebracht worden ist, den verbleibenden Restbetrag bezahlt, so kann die an Stelle der Geldstrafe getretene Gefängnisstrafe wieder aufgehoben werden.*

*Der Höchstbetrag der (an Stelle einer Geldstrafe tretenden) Gefängnisstrafe ist ein Jahr.*

Alte Fassung: Die Geldstrafe besteht in der Erhebung eines durch das Gesetz bestimmten Geldbetrages von dem Verurteilten.

Falls ein Uebeltäter sowohl zu Gefängnis- wie auch zu Geldstrafe verurteilt worden ist und die Geldstrafe wegen Zahlungsunvermögens nicht begleichen kann, so wird die Gefängnisstrafe um die Hälfte verlängert.

Ist er nur zu Geldstrafe verurteilt worden und kann er nicht zahlen, so tritt dafür je nach der Höhe des Betrages Gefängnisstrafe von 24 Stunden bis zu drei Monaten ein.

Art. 38. Bei der Verurteilung wegen eines Vergehens kann zugleich auch die Aberkennung einzelner der im Artikel 31 aufgeführten bürgerlichen Ehrenrechte ausgesprochen werden [2]).

---

[1]) Vergl. franz. StrGB. Art. 40 Absatz 1.

[2]) Vergl. franz. StrGB. Art. 42.

*Art. 39. Die Untersuchungshaft ist auf die Strafzeit in Anrech ung zu bringen. Lautet das Urteil auf Verbannung, so ist bei der Anrechnung ein Tag Untersuchungshaft fünf Tagen Verbannung gleich zu achten. Ist nur auf Geldstrafe erkannt worden, so wird diese in dem nach Art. 73 zu berechnendem Verhältnisse herabgesetzt.*

Alte Fassung[1]): Geldstrafen sind der Staatskasse zuzuführen.

Ein Verurteilter, der nach Ablauf seiner Strafzeit die gegen ihn erkannte Geldstrafe nicht bezahlt hat, wird bis zu sechs Monaten eingesperrt und, falls er seine Zahlungsunfähigkeit beweist, alsdann vorläufig freigelassen.

Ist die an Stelle der Geldstrafe tretende Gefängnisstrafe die Sühne für eine Uebertretung, so darf sie drei Monate nicht überschreiten.

Wird es gerichtskundig, daß die vorläufig Freigelassenen wieder zahlungsfähig geworden sind, so wird Zahlung von ihnen gefordert.

## Vierter Abschnitt.

### Strafausschliessungs- und Strafverantwortlichkeitsgründe.

*Art. 40. Wer bei Begehung einer strafbaren Handlung das dreizehnte Lebensjahr noch nicht vollendet hat, wird als nicht im Besitz der zur Erkenntnis der Strafbarkeit erforderlichen Einsicht befindlich angesehen und ist für die von ihm begangene strafbare Handlung nicht verantwortlich. Er wird jedoch auf Grund eines Urteils des über das Vergehen erkennenden Gerichts gegen einen Verpflichtungsschein seinen Eltern, oder seinem Vormunde oder gesetzlichen Vertreter [2]) überwiesen oder auch für einen Zeitraum, der im Höchstfalle über das Pubertätsalter nicht hinausreichen darf, einer Besserungsanstalt zur Erziehung zugeführt. Haben Kinder, die laut Verpflichtungsschein ihren Eltern oder Vormündern oder gesetzlichen Vertreter überwiesen worden sind, infolge Vernachlässigung der Beaufsichtigung vor Vollendung ihres fünfzehnten Lebensjahres zur Begehung einer strafbaren Handlung Gelegenheit gefunden, so wird von den Aufsichtspflichtigen eine Geldstrafe von einem türkischen Pfund bis zu hundert türkischen Pfunden erhoben.*

*Wer bei Begehung einer strafbaren Handlung das dreizehnte Lebensjahr überschritten, aber das fünfzehnte Lebensjahr noch nicht vollendet hat, wird wegen der von ihm begangenen strafbaren Handlung in folgender Weise bestraft:*

*Ist die Handlung ein Verbrechen, das mit dem Tode, lebenslänglicher*

---

[1]) Die im Art. 39 der alten Fassung enthaltenen Bestimmungen sind ihrem Inhalte nach dem Art. 37 (jetziger Fassung) hinzugefügt worden.

[2]) Mit Vormund (türkisch: vassi) ist hier der durch Testament oder Vertrag ernannte Vormund gemeint. Im Gegensatz dazu steht der gesetzliche Vertreter (tutem naturel) (türkisch: veli), d. h. derjenige, der die Eigenschaft des Vormunds vermöge des Rechts der Blutsverwandtschaft bekleidet. Dieses Recht gebührt nur dem Vater und Großvater. Die Mutter ist nicht „veli", wohl aber kann das Testament des Vaters ihr die Titel übertragen.

*Zwangsarbeit, lebenslänglichen Festungshaft oder lebenslänglicher Verbannung bedroht ist, so ist zur Besserung auf Gefängnisstrafe von fünf bis zu zehn Jahren zu erkennen.*

*Ist die strafbare Handlung mit zeitiger Zwangsarbeit, zeitiger Festungshaft oder zeitiger Verbannung bedroht, so ist, gleichfalls zur Besserung, auf Gefängnisstrafe zu erkennen, deren Dauer nicht weniger als ein Viertel und nicht mehr als ein Drittel der auf der strafbaren Handlung eigentlich stehenden Strafe beträgt.*

*In beiden Fällen kann zugleich auf Stellung unter Polizeiaufsicht für die Zeit von fünf bis zu sieben Jahren erkannt werden.*

*Ist die strafbare Handlung mit Aberkennung der bürgerlichen Ehrenrechte bedroht, so ist, gleichfalls zur Besserung, auf Gefängnisstrafe von sechs Monaten bis zu drei Jahren zu erkennen.*

*Kommt für die strafbare Handlung eine geringere Strafe als die erwähnten in Frage, so ist, gleichfalls zur Besserung, auf Gefängnisstrafe von bestimmter Dauer, die ein Drittel der eigentlichen Strafzeit nicht überschreiten darf, zu erkennen.*

*Ist nur eine Geldstrafe angedroht, so wird diese auf die Hälfte herabgesetzt.*

*Wer bei Begehung einer strafbaren Handlung das fünfzehnte Lebensjahr überschritten, aber das achtzehnte Lebensjahr noch nicht vollendet hat, wird, wenn die Handlung mit dem Tode, lebenslänglicher Zwangsarbeit, lebenslänglicher Festungshaft oder lebenslänglicher Verbannung bedroht ist, gleichfalls zur Besserung mit Gefängnis von sieben bis zu fünfzehn Jahren bestraft; ist die Handlung mit zeitiger Zwangsarbeit, zeitiger Festungshaft oder zeitiger Verbannung bedroht, so ist, gleichfalls zur Besserung, auf Gefängnisstrafe zu erkennen, deren Dauer nicht weniger als die Hälfte und nicht mehr als zwei Drittel der eigentlichen Strafe beträgt; in beiden Fällen kann zugleich auf Stellung unter Polizeiaufsicht für die Zeit von fünf bis zu zehn Jahren erkannt werden. Kommt für die strafbare Handlung eine geringere Strafe als die erwähnten in Frage, so tritt Gefängnisstrafe unter Abzug eines Viertels der eigentlichen Strafzeit ein* [1]*).*

Alte Fassung: Hat der Uebeltäter das Pubertätsalter noch nicht erreicht, so findet die Strafe, mit der die von ihm begangene Handlung bedroht ist, keine Anwendung auf ihn und er wird, falls er auch die zur Erkenntnis der Strafbarkeit erforderliche Einsicht nicht besitzt, gegen Leistung einer sicheren Bürgschaft seinen Eltern oder Verwandten überwiesen. Leisten die Eltern oder Verwandten die geforderte Bürgschaft nicht, so wird er zur Besserung durch die Polizei für angemessene Zeit ins Gefängnis gebracht.

Steht der Uebeltäter aber im Pubertätsalter, d. h. war er sich bei Begehung der strafbaren Handlung bewußt, daß sein Tun auf etwas Strafbares hinauslaufe, so wird er, falls die Handlung ein mit dem Tode, lebenslänglicher Zwangsarbeit, lebenslänglicher Festungshaft oder lebenslänglicher Verbannung bedrohtes Verbrechen ist, zur Besserung mit

---

1) Vergl. hierzu Landstreichergesetz vom 19. Rebi-iil-achyr 1327 (1909). Art. 16 und 17 (s. Anhang III).

Gefängnis von fünf bis zu zehn Jahren bestraft; falls die strafbare Handlung mit zeitiger Zwangsarbeit, zeitiger Festungshaft oder zeitiger Verbannung bedroht ist, so wird er, gleichfalls zur Besserung, mit Gefängnishaft bestraft, deren Dauer nicht weniger als ein Viertel und nicht mehr als ein Drittel der eigentlichen Strafzeit beträgt; in beiden Fällen kann zugleich auf Stellung unter Polizeiaufsicht für die Zeit von fünf bis zu zehn Jahren erkannt werden. Ist die strafbare Handlung mit der Strafe der Aberkennung der bürgerlichen Ehrenrechte bedroht, so wird er, gleichfalls zur Besserung, mit Gefängnis von sechs Monaten bis zu drei Jahren bestraft; kommt für die strafbare Handlung eine geringere Strafe als die erwähnten in Frage, so ist, gleichfalls zur Besserung, auf Gefängnisstrafe von bestimmter Dauer, die ein Drittel der eigentlichen Strafzeit nicht überschreiten darf, zu erkennen[1] [2]).

Art. 41. Ist erwiesen, daß ein Übeltäter zur Zeit der Begehung der strafbaren Handlung sich im Zustande der Geistesgestörtheit befand, so ist er einer Bestrafung nicht unterworfen[1]).

Art. 42. Ist erwiesen, daß jemand eine strafbare Handlung ohne Wissen und Wollen unter dem Drucke eines Zwanges verübt hat, so ist er gleichfalls einer Bestrafung nicht unterworfen. Aber dieser Zwang muß, um (als genügender Strafausschließungsgrund) anerkannt zu werden, in einem Umstande bestanden haben, der den Täter je nach dem Grade der strafbaren Handlung von jeder Schuld völlig frei erscheinen läßt und muß eine Notwendigkeit gewesen sein, der er nicht hat widerstehen können. Beispielsweise gelten nicht als Zwang in diesem Sinne die Gebote der Eltern an die Kinder und des Herrn an den Diener oder ähnliche Fälle, die sich aus einem Ehrfurchts- oder Achtungsverhältnis ergeben.

*Zusatz: Wenn jemand einen gegen sein eigenes Leben und seine eigene Ehre oder gegen die Ehre und das Leben eines Dritten gerichteten rechtswidrigen*

---

[1]) Vergl. franz. StrGB. Art. 66–67.

[2]) Hierzu tritt ergänzend der Erlaß des Justizministeriums vom 7. Sefer 1291 (1879), abgedruckt im Düstur, Bd. 4, S. 352 f. betr. die Bestimmungen der Zurechnungsfähigkeit (des Unterscheidungsvermögens) bei Jugendlichen, die bei Begehung eines Verbrechens das dreizehnte Lebensjahr nicht vollendet haben, sowie bei solchen Verbrechern, die das fünfzehnte Lebensjahr überschritten haben:

> „Da Jugendliche männlichen oder weiblichen Geschlechts, die das dreizehnte Lebensjahr noch nicht vollendet haben, zu den Unmündigen gezählt werden, so versteht es sich von selbst, daß, wenn an ihnen selbst mit ihrem Wissen und Willen in Ausnutzung ihrer Unwissenheit eine unzüchtige Handlung begangen worden ist, ihre Zustimmung als rechtsunwirksam und erzwungen zu gelten hat. Haben anderseits Übeltäter das dreizehnte Lebensjahr überschritten, aber das fünfzehnte noch nicht vollendet, so sind sie, wenn auch ihre Pubertät nicht hat festgestellt werden können, als zurechnungsfähig anzusehen und gemäß Art. 40 StrGB. zu bestrafen. Demgemäß gilt auch ihre Zustimmungserklärung bis zu einem gewissen Grade als rechtsgültig."

Nach den Motiven der Strafgesetznovelle ist dieser Ministerialerlaß als Vorläufer des jetzigen Art. 40 anzusehen.

[1]) Vergl. franz. StrGB. Art. 64.

*Angriff, dem auszuweichen nicht möglich war, auf der Stelle zurückweist, so ist die dadurch gebotene Tat als strafbare Handlung nicht anzusehen.*

*Wenn bei Gelegenheit einer unter Anwendung von Gewalt verübten Plünderung oder eines eben solchen Diebstahls oder bei Diebstählen, die einen derartig großen Schaden anrichten, daß der Betroffene dadurch seiner freien Willensbestimmung beraubt wird, keine Möglichkeit vorhanden ist, sich der Diebe und Plünderer in anderer Weise zu erwehren und sein Eigentum wiederzugewinnen, so sind die Handlungen des Betroffenen, die auf die eigene Verteidigung und die sofortige Erhaltung und Wiedergewinnung seines Eigentums oder der in seiner Verwahrung befindlichen Sachen gerichtet sind, als strafbar nicht anzusehen.*

*Ferner gelten nicht als strafbar Handlungen, die begangen worden sind bei der Ausführung einer gesetzlichen Bestimmung oder eines Befehls, der von der zuständigen Behörde erlassen worden und dessen Vollstreckung zwingende Pflicht ist.*

Art. 43. Ein Unterschied zwischen Männern und Frauen in der Bestrafung findet nicht statt. Indessen ist bei der Art der Vollstreckung gewisser Strafen den besonderen Zuständen der Frauen Rechnung zu tragen [1]).

Art. 44. Ein Urteil auf Rückgabe gestohlener Gegenstände richtet sich gegen denjenigen, in dessen Händen diese sich befinden. Dagegen ist auf Ersatz von Schaden und auf sonstige Kosten in jedem Falle nur gegen den Täter selbst zu erkennen.

*Art. 45. Wenn mehrere ein Verbrechen oder ein Vergehen gemeinschaftlich verüben oder wenn bei einem aus mehreren Handlungen zusammengesetzten Verbrechen oder Vergehen von mehreren Personen jeder einzelne in der Absicht der Verwirklichung des gesetzlichen Tatbestandes eine oder einige dieser Handlungen zur Ausführung bringt, so gelten diese Personen als Mittäter und werden sämtlich wie selbständige Täter bestraft. —*

*Die unselbständigen Teilnehmer an einem Verbrechen oder Vergehen werden, soweit das Gesetz nicht besondere Bestimmungen darüber enthält [2]), in folgender Weise bestraft:*

*Ist auf die Haupttat die Todesstrafe oder die Strafe der lebenslänglichen Zwangsarbeit gesetzt, so wird gegen sie auf zeitige Zwangsarbeit für die Dauer von nicht weniger als zehn Jahren erkannt. Ist die Haupttat mit lebenslänglicher Festungshaft bedroht, so tritt zeitige Festungshaft von ebenfalls nicht weniger als zehn Jahren, und ist sie mit lebenslänglicher Ver-*

---

1) Vergl. hierzu den Erlaß des Justizministeriums vom 15. Sefer 1297/1879 abgedruckt in der „Gerichtszeitung" Nr. 30 S. 234) betr. die zeitweilige Überführung der in Untersuchungs- und Strafhaft befindlichen schwangeren Frauen, deren Entbindungszeit herannaht, in das Krankenhaus; ferner die Entscheidung des Kassationshofes vom 6. maïs 1308/1892 (abgedruckt in der „Gerichtszeitung" Nr. 656 S. 9619), wonach die öffentliche Schaustellung von Frauen ein Kassationsgrund ist.

2) Z. B. in Art. 81, 92, 105, 118, 144, 156, 175, 176, 181, 184, 185, 201, 211, 230, 252 StrGB.; vergl. ferner Patentgesetz vom 11. Rebi-iil-achyr 1297/1879 Art. 47 (s. Anm. zu Art. 241 StrGB.).

*bannung bedroht, Festungshaft von drei Jahren ein. In den übrigen Fällen ist die für das Hauptverbrechen oder -vergehen bestimmte Strafe um mindestens ein Sechstel und höchstens ein Drittel zu ermäßigen.*

*Als unselbständiger Teilnehmer an einem Verbrechen oder Vergehen wird angesehen:*

*wer einen anderen durch Hingabe von Geschenken oder Geld, durch Anwendung von Drohung, List oder Täuschung, durch Beeinflussung oder durch Mißbrauch der Amtsgewalt zur Verübung eines Verbrechens oder Vergehens anstiftet;*

*wer, wissend, daß ein Verbrechen oder Vergehen begangen werden soll, zu dessen Verwirklichung dienliche Ratschläge erteilt;*

*wer Waffen, Werkzeuge und andere Mittel, die zur Verübung eines Verbrechens oder Vergehens dienen sollen, wissentlich verschafft;*

*wer zu Handlungen, die ein Verbrechen oder Vergehen vorzubereiten, zu erleichtern oder zu vollenden beitragen, wissentlich dem Haupttäter Beihilfe leistet.*

*Ferner macht sich der unselbständigen Teilnahme schuldig, wer in Kenntnis des Treibens von Verbrechern, die der Sicherheit des Staates, der öffentlichen Ruhe und der Sicherheit von Personen und Eigentum zuwider Räubereien und Gewalttätigkeiten begehen, diesen aus freien Stücken Nahrung Obdach, Versteck oder Gelegenheit zu Zusammenkünften verschafft.*

*Als unselbständiger Teilnehmer gilt schließlich auch, wer Gegenstände die durch Diebstahl, Raub oder infolge der Verübung sonst eines Verbrechens oder Vergehens erlangt worden sind, ganz oder teilweise wissentlich bei sich aufbewahrt und verbirgt [1]) [2]).*

> Alte Fassung: Die Teilnehmer an einer strafbaren Handlung werden, soweit das Gesetz nicht besondere Bestimmungen darüber enthält, wie selbständige Täter bestraft.

*Art. 46. Wenn jemand sich entschlossen hat, ein Verbrechen zu begehen und durch bestimmte Handlungen mit einer Ausführung begonnen hat, dann aber infolge des Eintretens von außerhalb seiner freien Willensbestimmungen liegenden Hinderungsgründen die zur Vollendung des Verbrechens erforderlichen Handlungen nicht hat vornehmen können, so wird er, soweit das Gesetz keine besonderen Bestimmungen darüber enthält [3]), bei einer mit dem Tode oder mit lebenslänglicher Zwangsarbeit bedrohten Handlung wegen Versuchs mit zeitiger Zwangsarbeit nicht unter sieben Jahren, bei einer mit lebenslänglicher Festungshaft bedrohten Handlung, mit Festungshaft gleichfalls nicht unter sieben Jahren und bei einer mit lebenslänglicher Verbannung bedrohten Handlung mit drei Jahren Festungshaft bestraft. In den übrigen Fällen wird die für das Verbrechen gesetzlich bestimmte Strafe um die Hälfte bis um zwei Drittel ermäßigt.*

---

[1]) Vergl. franz. StrGB. Art. 59—68.

[2]) In Art. 45 der jetzigen Fassung sind die Bestimmungen folgender Artikel der alten Fassung mit hineingezogen worden, die infolgedessen aufgehoben sind: Art. 63 nebst Zusatz; Art. 175; Art. 230 Zusatz I Abs. 2 und Zusatz II.

[3]) Z. B. in Art. 54, 55, 57, 58 (nebst Zusätzen), 164, 198 Zusatz, 230 Zusatz II.

*Falls der Täter die Ausführung der beabsichtigten Handlung freiwillig aufgegeben hat, aber die vollendete Teilhandlung für sich allein schon eine strafbare Handlung bildet, so wird gegen ihn nur auf die für diese Teilhandlung bestimmte Strafe erkannt.*

*Hat jemand sämtliche Ausführungshandlungen eines beabsichtigten Verbrechens beendet, ist dieses aber infolge außerhalb seiner freien Willensbestimmung liegenden Hinderungsgründen fehlgeschlagen, so wird, soweit das Gesetz keine anderweitigen Bestimmungen darüber enthält [1], der Täter wegen Versuchs bei einer mit dem Tode oder mit lebenslänglicher Zwangsarbeit oder Festungshaft bedrohten Handlung zu zeitiger Zwangsarbeit nicht unter zehn Jahren, bei einer mit lebenslänglicher Festungshaft bedrohten Handlung mit Festungshaft gleichfalls nicht unter zehn Jahren und bei einer mit lebenslänglicher Verbannung bedrohten Handlung mit drei Jahren Festungshaft bestraft. In den übrigen Fällen wird die für dieses Verbrechen bestimmte Strafe um ein Drittel bis um die Hälfte ermäßigt.*

*Bei einem Vergehen wird der Versuch nur in den gesetzlich bestimmten Fällen bestraft.*

Alte Fassung: Mittäter haften für die Rückgabe gestohlener Gegenstände, für Schadensersatz und andere Kosten als gegenseitige Bürgen; wenn einer unter ihnen zur Erstattung nicht in der Lage ist, so treten die anderen für ihn ein[2]).

*Art. 47. Sind bei einer strafbaren Handlung Milderungsgründe vorhanden, so wird die Todesstrafe in lebenslängliche oder zeitige Zwangsarbeit nicht unter fünfzehn Jahren, die lebenslängliche Zwangsarbeit in zeitige Zwangsarbeit oder in zeitige Festungshaft nicht unter fünf Jahren, und die zeitige Zwangsarbeit und lebenslängliche Festungshaft in zeitige Festungshaft umgewandelt.*

*Ist die strafbare Handlung mit lebenslänglicher Verbannung oder zeitiger Festungshaft oder Aberkennung der bürgerlichen Ehrenrechte und dauernden Verlust des Ranges und Amtes bedroht, so werden die erwähnten Strafen in Gefängnisstrafe von nicht weniger als einem Jahre umgewandelt. Ist die strafbare Handlung ein Vergehen, so kann das Gericht auf das niedrigste Maß der Besserungsstrafen [3]) erkennen [4]).*

Alte Fassung: Die Umwandlung der Todestrafe in Zwangsarbeit, der Zwangsarbeit in Festungshaft, der lebenslänglichen Festungshaft in lebenslängliche Verbannung, der zeitigen Festungshaft oder der Gefängnisstrafe in zeitige Verbannung ist nur auf Grund eines Allerhöchsten Erlasses zulässig. Ohne einen solchen und ohne Vorliegen einer gesetzlichen Bestimmung ist weder ein Straferlaß noch eine Strafumwandlung oder -erleichterung erlaubt.

---

1) Z. B. in Art. 76, 180 Zusatz.

2) Die hier behandelte Frage wird jetzt durch Art. 11 (neue Fassung) geregelt.

3) S. Art. 4.

4) Falls nicht zwingende Gründe vorliegen, ist bei der Wahl unter verschiedenen Strafgraden auf den niedrigsten zu erkennen (Entscheidung des Kassationshofs vom 5. mart 1327 (1911).

# Erster Teil.

# Von den Verbrechen und Vergehen gegen die Gesamtheit und deren Bestrafung.

## Erster Abschnitt.

### Verbrechen und Vergehen gegen die äussere Sicherheit des osmanischen Reiches.

Art. 48. Ein ottomanischer Untertan, welcher in den Reihen des Feindes gegen das osmanische Reich die Waffen trägt, wird mit dem Tode bestraft[1]).

Art. 49. Ein ottomanischer Untertan, welcher mit ausländischen Regierungen oder deren Beamten konspiriert, um sie zu feindlichen Operationen oder zu einem Kriege gegen das osmanische Reich zu veranlassen oder um ihnen Mittel und Wege zu feindlichen Operationen oder zu einem Kriege gegen das osmanische Reich zu verschaffen, wird wegen dieser landesverräterischen Handlungen ohne Rücksicht darauf, ob sie die feindlichen Operationen zur Folge gehabt haben oder nicht, gleichfalls mit dem Tode bestraft.

Art. 50. Ebenfalls mit dem Tode bestraft wird ein ottomanischer Untertan, welcher

den Feinden des osmanischen Reiches das Eindringen in das Reichsgebiet erleichtert;

der ottomanischen Regierung gehörige Städte, Festungen befestigte Plätze, Häfen, Magazine, Arsenale, Pulvermühlen, Werkstätten und Fabriken für Kriegsrüstzeug, Kriegsschiffe sowie Offiziere und Mannschaften des osmanischen Reichs in feindliche Gewalt bringt oder derartiges veranlaßt;

diese unbrauchbar oder dienstunfähig macht oder Brücken und Eisenbahnen zum Vorteil des Feindes zerstört oder beschädigt;

dem Feinde durch Lieferung von Soldaten, Geld, Lebensmitteln, Waffen und Munition Vorschub leistet;

durch Verleitung der türkischen Truppen zur Untreue und Disziplinlosigkeit oder durch andere Mittel der feindlichen Streitmacht zur Besetzung ottomanischen Gebietes und zum Siege über die türkische Armee verhilft oder endlich, um ein

[1]) Vergl. franz. StrGB. Art. 75.

solches Verbrechen zu begehen, mit der feindlichen Streitmacht konspiriert[1]).

Art. 51. Wenn jemand mit einem Angehörigen einer feindlichen Macht Mitteilungen gewechselt hat, die zwar die im vorhergehenden Artikel aufgeführten verbrecherischen Handlungen nicht zum Gegenstande haben, aber die Ursache bilden, daß der Gegner gewisse, der militärischen und politischen Lage des osmanischen Reichs oder seiner Verbündeten schädliche Nachrichten erhält, so wird er nach der Schwere des Falles mit zeitiger Festungshaft bestraft.

Stellt eine solche Benachrichtigung einen Akt der Spionage dar, d. h. hat sie zum Ziel, dem Feinde die kriegerischen Maßnahmen des osmanischen Reiches bekannt zu geben, so wird der Täter nach der Schwere des Verbrechens mit zeitiger Zwangsarbeit bestraft.

Geschieht desgleichen in der Armee, so kann der Täter gemäß den Kriegsgesetzen auch mit dem Tode bestraft werden[2]).

Wer Offiziere und Mannschaften dem Feinde zuführt oder ottomanische Soldaten zum Übertritt auf die feindliche Seite verleitet, wird mit lebenslänglicher Zwangsarbeit bestraft[3]).

Art. 52. Beamte, im Dienste der Regierung stehende oder sonstige Personen, die von einem auf eine wichtige politische Angelegenheit oder militärische Operation der Türkei bezüglichen Geheimnis kraft ihrer Dienststellung oder von Amts wegen Kenntnis haben und dieses, ohne damit von der Regierung beauftragt oder ermächtigt worden zu sein, den Beamten einer feindlichen oder fremden Macht unmittelbar oder mittelbar verraten, werden mit dem Tode bestraft[4]).

Art. 53. Ein Beamter des osmanischen Reiches, welcher ihm kraft seines Amtes besonders anvertrauten Zeichnungen und Risse von Festungen, Arsenalen und Häfen des osmanischen Reiches oder Pläne von Kriegsoperationen und militärischen Positionen, Festungen und befestigten Plätzen[5]) zu mehreren oder auch nur in einem

---

[1]) Dies ist die durch Gesetz vom 1. Muharrem 1298/1881 (abgedruckt im Düstur Zeil Bd. 1 Seite 15) abgeänderte Fassung. Die ursprüngliche Fassung lautete entsprechend dem franz. StrGB. Art. 77: „Ebenfalls mit dem Tode bestraft wird ein ottomanischer Untertan, welcher mit der feindlichen Streitmacht konspiriert, um den Feinden etc."

Außerdem fehlten von der obigen Aufzählung folgende Stellen (im Absatz 2): „Pulvermühlen, Werkstätten und Fabriken für Kriegsrüstzeug", „Offiziere und Mannschaften des osmanischen Reichs ... oder derartiges veranlaßt"; (im Absatz 3) „diese unbrauchbar oder dienstunfähig macht oder Brücken und Eisenbahnen zum Vorteile des Feindes zerstört oder beschädigt."

[2]) Vergl. franz. StrGB. Art. 78.

[3]) Dieser letzte Absatz ist durch Gesetz vom 1. Muharrem 1298 (1881) (abgedruckt im Düstur, Zeil Bd. 1 S. 15) hinzugefügt worden.

[4]) Vergl. franz. StrGB. Art. 80.

[5]) Der Passus: „oder Pläne von Kriegsoperationen und militärischen Positionen Festungen und befestigten Plätzen" ist nachträglich durch Gesetz vom 1. Muharrem 1298 (1881) hinzugefügt worden.

Exemplar dem Feinde oder den feindlichen Agenten übergibt, wird mit Zwangsarbeit von drei Jahren bis zu fünfzehn Jahren bestraft. Hat er derartige Zeichnungen oder Pläne, ohne vom Staate dazu ermächtigt zu sein, den Agenten einer befreundeten oder neutralen Macht gegeben, so wird er mit Gefängnis von einem Jahr bis zu drei Jahren bestraft[1]).

Art. 54. Ein Ottomane, welcher vom Feinde ausgesandte Spione in Kenntnis dieser ihrer Eigenschaft verbirgt oder verbergen läßt, wird mit lebenslänglicher Zwangsarbeit bestraft[2]).

Anhang[3]): Wer es unternimmt, einen Teil des osmanischen Reiches oder eine der privilegierten Provinzen[4]) ganz oder teilweise einer andern privilegierten Provinz gewaltsam einzuverleiben oder überhaupt einen Teil des osmanischen Reiches von der osmanischen Herrschaft loszureißen, wird mit dem Tode bestraft.

Sind mildernde Umstände vorhanden, so tritt zeitige Festungshaft nicht unter fünf Jahren ein.

Ein Ottomane, welcher sich in der Absicht, einen Krieg gegen das osmanische Reich heraufzubeschwören, in einen fremden Staat begibt, wird mit zeitiger Zwangsarbeit nicht unter fünf Jahren und, wenn es dadurch zum Kriege gekommen ist, mit lebenslänglicher Zwangsarbeit bestraft.

Ein Ottomane, welcher schon vor der Kriegserklärung in fremden Kriegsdiensten stand, wird, wenn er nach der Kriegserklärung in der feindlichen Kriegsmacht verbleibt, mit zeitiger Zwangsarbeit bestraft.

Begehen Ausländer die in diesem Abschnitt aufgeführten Verbrechen und Vergehen, so finden die dafür bestimmten Strafen auch auf sie Anwendung. Begehen Ausländer diese Verbrechen und Vergehen während des Krieges, so wird gegen sie nach dem Kriegsbrauch verfahren.

Wer wichtige Angelegenheiten, deren Geheimhaltung andern Staaten gegenüber für das Wohl des osmanischen Reiches erforderlich ist, und damit zusammenhängende Staatsgeheimnisse kennt und sie einem Beamten dieser Staaten mitteilt oder öffentlich bekannt macht, oder wer dadurch, daß er Urkunden und Verträge über die rechtlichen Beziehungen der Türkei zu andern Regierungen vernichtet, abändert oder verfälscht, diese Rechte gefährdet, wird mit Gefängnis nicht unter zwei Jahren bestraft.

Wer ein ihm seitens des osmanischen Reiches aufgetragenes Staatsgeschäft im Einverständnis mit den feindlichen Beauftragten vorsätzlich zum Nachteil desselben führt, wird mit drei Jahren Zwangsarbeit bestraft. Sind mildernde Umstände vorhanden, so tritt Gefängnisstrafe von sechs Monaten ein.

---

[1]) Vergl. franz. StrGB. Art. 81.

[2]) Vergl. franz. StrGB. Art. 83.

[3]) Hinzugefügt durch Gesetz vom 1. Muharrem 1298/1881 (vergl. Anm. zu Art. 51)

[4]) Als solche zählt der türkische Staatskalender (Salnamé) vom Jahre 1327 auf: Ägypten, Cypern, Tunis, Kreta und das Fürstentum Samos.

## Zweiter Abschnitt.

### Verbrechen und Vergehen gegen die innere Sicherheit des osmanischen Reiches.

*Art. 55. Wer gegen die heiligen Propheten öffentlich Schmähungen auszustoßen wagt, wird mit Gefängnis von einem Jahr bis zu drei Jahren bestraft.*

*Wer ein Attentat auf das Leben des Sultans unternimmt oder versucht, wird mit dem Tode bestraft. Der Angriff gegen die Person des Herrschers wird mit zeitiger Zwangsarbeit bestraft.*

*Wer unmittelbar oder mittelbar die ottomanischen Untertanen und die Bewohner der Türkei zum bewaffneten Aufstande gegen den Herrscher oder die Kaiserliche Regierung aufwiegelt, wird, wenn der beabsichtigte Aufstand zum Ausbruch gelangt, mit dem Tode und, falls mit der Ausführung nur begonnen wurde, mit Festungshaft nicht unter zehn Jahren bestraft.*

*Wer sich erdreistet, eine öffentliche Beleidigung gegen den Herrscher auszustoßen, wird mit Gefängnis von drei Monaten bis zu drei Jahren bestraft.*

*Wer es unternimmt, das Staatsgrundgesetz, die Regierungsform und -körperschaft und die Erbfolge des Herrscherhauses gewaltsam zu ändern oder umzustoßen, wird mit dem Tode bestraft.*

*Zusatz: Wenn sich jemand einer strafbaren Handlung gegen das Oberhaupt einer befreundeten Macht schuldig macht, so wird die für diese Handlung vom Gesetz festgesetzte Strafe um ein Drittel erhöht. Handelt es sich dabei um Straftaten, deren strafrechtliche Verfolgung durch einen Antrag des Verletzten bedingt ist, so muß die fremde Regierung erst in üblicher Form einen Strafantrag stellen.*

*Wenn sich jemand einer strafbaren Handlung gegen einen bei der Kaiserlichen Regierung beglaubigten fremden diplomatischen Vertreter schuldig macht, so wird die für diese Handlung vom Gesetz bestimmte Strafe um ein Sechstel erhöht. Besteht die Straftat in einer Beleidigung, so ist die strafrechtliche Verfolgung durch einen Strafantrag des Verletzten bedingt.*

*Wer eine amtlich angebrachte Fahne oder die Tughra[1]) oder das Wappen des osmanischen Reiches oder einer befreundeten Macht in böswilliger Absicht zerreißt oder beschädigt oder in sonstiger Weise beschimpfenden Unfug daran verübt, wird mit Gefängnis von sechs Monaten bis zu drei Jahren bestraft.*

Alte Fassung[2]): Wer ein Attentat auf den Sultan unternimmt oder zu unternehmen versucht, wird mit dem Tode bestraft.

---

[1]) S. Anm. zum Art. 16.

[2]) Dies ist bereits die durch Gesetz vom 1. Muharrem 1298 (1881) abgeänderte Fassung. Der ursprüngliche Text des Art. 55 lautete folgendermaßen: „Wer unmittelbar oder mittelbar die ottomanischen Untertanen und die Bewohner der Türkei zum bewaffneten Aufstande gegen das Herrscherhaus aufwiegelt, wird, wenn der beabsichtigte Aufstand in vollem Umfange zum Ausbruch gelangt oder mit seiner Ausführung auch nur begonnen wurde, mit dem Tode bestraft." (Vergl. hierzu franz. StrGB. Art. 91.)

Wer unmittelbar oder mittelbar die ottomanischen Untertanen und die Bewohner der Türkei zum bewaffneten Aufstande gegen den Herrscher und die Kaiserliche Regierung aufwiegelt, wird, wenn der beabsichtigte Aufstand in vollem Umfange zum Ausbruche gelangt oder mit seiner Ausführung auch nur begonnen wurde, mit dem Tode bestraft.

Wer sich erdreistet, gegen den Herrscher, ohne es doch zu einem Attentate kommen zu lassen, einen Angriff zu unternehmen, wird mit lebenslänglicher Festungshaft und, falls der Angriff ein leichter war, mit zeitiger Festungshaft nicht unter fünf Jahren bestraft.

Wer den Herrscher zu beleidigen wagt, wird mit Gefängnis von drei Monaten bis zu drei Jahren bestraft.

Wer es unternimmt, die Erbfolge des Herrscherhauses oder die Regierungsform und -körperschaft zu ändern oder umzustoßen, wird mit dem Tode bestraft.

Der Beginn der Ausführung eines der aufgeführten Verbrechen gilt als Versuch.

Art. 56. Wer die Einwohner des osmanischen Reiches dazu verleitet, sich zu bewaffnen und gegenseitig zu bekämpfen, oder wer Plünderungen, Landverwüstungen und Massaker in einigen Gegenden herbeiführt, wird, wenn derartige Handlungen im vollen Umfange zur Ausführung gelangt sind, oder mit ihrer Ausführung begonnen worden ist, mit dem Tode bestraft.

Art. 57. Wenn die in den Artikeln 55 und 56 bezeichneten Straftaten von einer Bande ausgeführt oder auszuführen begonnen werden, so werden die Rädelsführer und Anstifter, wo sie auch immer ergriffen werden, mit dem Tode, die übrigen Mitglieder, die am Tatorte festgenommen werden, je nach dem Grade ihrer Schuld und ihrer Beteiligung mit lebenslänglicher oder zeitiger Zwangsarbeit bestraft.

Art. 58. Wenn zwei oder mehr Personen zur Ausführung einer der in den Artikeln 55 und 56 erwähnten Straftaten ein Komplott bilden und die Ausführung der verabredeten Straftaten nicht nur beschlossen, sondern auch zwecks Vorbereitung der Ausführung einige Maßnahmen getroffen haben, so werden die Teilnehmer an dem Komplott mit lebenslänglicher Festungshaft bestraft. Sind bei einem solchen Komplott die zwecks Vorbereitung der Ausführung der fraglichen Straftaten beschlossenen Maßnahmen nicht in die Tat umgesetzt worden, sondern ist es bei der Verabredung derselben geblieben, so werden die Teilnehmer mit zeitiger Festungshaft bestraft. Ist nur die Bildung eines Komplotts zur Ausführung eines der erwähnten Verbrechen vorgeschlagen, dieser Vorschlag aber nicht angenommen worden, so wird der Urheber eines solchen Vorschlages mit Gefängnis von einem Jahr bis zu drei Jahren bestraft[1]).

---

[1]) Vergl. Vereinsgesetz vom 29. Redjeb 1327 (1909):

Art. 3. Verboten ist die Bildung von Vereinen, die sich auf einer den Staatsgesetzen und der öffentlichen Sittlichkeit nicht entsprechenden Grundlage aufbauen oder deren Zweck darauf gerichtet ist, die staatliche Sicherheit oder die territoriale Integrität der Türkei zu gefährden, die gegenwärtige

Zusatz I[1]). Wer zur Ausführung des Programms eines revolutionären Komites oder zur Verübung von Attentaten auf eine oder mehrere Personen Feuerwaffen oder andere gefährliche und tödliche Instrumente und Geräte, welcher Art und Form sie auch sein mögen, erfindet, verfertigt, herbeischafft oder trägt, wird, wenn die revolutionäre Tat oder der Mord zur Ausführung gelangt ist, mit dem Tode und, wenn es beim Versuch geblieben ist, mit Zwangsarbeit nicht unter zehn Jahren bestraft.

Zusatz II[2]). Wenn jemand, um die aufrührerischen Absichten eines revolutionären Komites auszuführen oder um durch Verübung von Attentaten auf eine oder mehrere Personen Terrorismus zu säen, Dynamit, Bomben und ähnliche zerstörende Körper, welcher Gestalt und Form sie auch sein mögen, die geeignet sind, eine Reihe von Menschen auf einmal zu töten und Häuser, Wohnstätten, Schiffe, Transport- und allgemeine Kommunikationsmittel zu vernichten, erfindet, verfertigt, herbeischafft, transportiert, aus dem Auslande in die Türkei einführt, verbirgt oder gebraucht, so wird er, mag die revolutionäre Tat oder der Mord zur Ausführung gekommen sein oder nicht, mit dem Tode bestraft. Die Teilnahme an solchen Handlungen und der Versuch unterliegt der gleichen Strafe.

Wer von der Erfindung, der Herstellung, der Herbeischaffung, dem Transport, der Einfuhr, dem Verstecke oder dem Gebrauche solcher zerstörenden Körper Kenntnis erhält, ist verpflichtet, dies sofort selbst oder durch eine Mittelsperson der Regierung anzuzeigen. Erfüllt er diese Verpflichtung in böswilliger Absicht und ohne entschuldbaren Grund nicht, so wird er, wenn die revolutionäre Tat oder der Mord zur Ausführung gelangt ist, mit lebenslänglicher, andernfalls mit zeitiger Zwangsarbeit bestraft.

Zusatz III[3]). Wer die in den vorhergehenden Zusätzen aufgeführten zerstörenden Körper und gefährlichen und tödlichen In-

---

Regierungsform abzuändern und die verschiedenen ottomanischen Völkerschaften politisch zu trennen.

Art. 12. Satz 3: Ist ein Verein für einen der im Art. 3 dieses Gesetzes erwähnten, sowie im StrGB. aufgezählten schädlichen und verbotenen Zwecke gebildet worden, so tritt die im StrGB. dafür besonders vorgesehene Strafe ein.

Art. 13. Gehört ein verbotener Verein zu denen, die einen der im Art. 3 untersagten schädlichen oder unerlaubten Zwecke verfolgen, so wird sein Vermögen behördlicherseits eingezogen.

[1]) Geschaffen durch Gesetz vom 19. Zilkade 1309 (1891).

[2]) Die jetzige Fassung dieses Zusatzes beruht auf Gesetz vom 2. Djemazi-ül-evel 1324 (1906). Die ursprüngliche, auf Gesetz vom 5. Schaban 1321 (1903) beruhende Fassung lautete: „Wer ohne staatliche Erlaubnis in die Türkei Dynamit in großen oder kleinen Mengen einführt, in Empfang nimmt, verbirgt oder verfertigt, oder wer wissentlich solche Handlungen erleichtert, wird mit fünfzehnjähriger Zwangsarbeit und, falls der revolutionäre Zweck erwiesen ist, mit lebenslänglicher Zwangsarbeit bestraft. Ist die revolutionäre Tat zur Ausführung gelangt, so tritt Todesstrafe ein."

[3]) Geschaffen durch Gesetz vom 27. Sefer 1326 (1911).

strumente sowie andere derartige schädlichen Gegenstände zu Wasser oder zu Lande in die Türkei einführt oder in Kenntnis des Treibens der Revolutionäre aus einem andern als dem dafür bestimmten Orte ausführt oder wer die fraglichen zerstörenden Geräte und Instrumente und schädlichen Gegenstände im Innern der Türkei von einem Orte zum andern überführt, wird, ebenso wie die hierzu Beihilfe leistenden Kapitäne von Dampfern, Segelschiffen und andern Fahrzeugen, Barken- und Bootsführer und sonstigen Personen, je nach dem Grade der Straftat, mit zeitiger Zwangsarbeit bestraft.

Art. 59. Wer, ohne vom türkischen Reiche damit betraut zu sein, und ohne daß sonst ein Grund vorläge, den die Regierung gutheißen könnte, das Kommando über eine militärische Abteilung, eine Truppe, ein Geschwader, ein Kriegsschiff, eine Festung, einen befestigten Platz, einen Hafen oder eine Stadt übernimmt; wer dem Befehle der Regierung, ein ihm übertragenes militärisches Kommando abzugeben, nicht Folge leistet, und endlich wer als Kommandant dem ihm von der Regierung erteilten Befehle, die ihm unterstellten Truppen zu beurlauben und zu entlassen, gleichfalls ohne gerechtfertigten Grund zuwiderhandelt und die Truppen unter seinem Kommando zurückhält, wird mit dem Tode bestraft[1]).

Art. 60. Wer Linien- und Polizeitruppen des osmanischen Reichs zum Aufruhr verleitet, wird mit lebenslänglicher Zwangsarbeit bestraft[2]).

Wenn jemand, der kraft seines Amtes über solche Truppen zu verfügen hat, von ihnen verlangt oder ihnen befiehlt, sich der von der Kaiserlichen Regierung angeordneten Truppenaushebung zu widersetzen, wird mit lebenslänglicher Verbannung bestraft. Hat dieses Verlangen oder dieser Befehl Wirkung gehabt, d. h. ist die Ausführung der von der Regierung in diesem Sinne ergangenen Anordnung infolge des Gehorsams der betreffenden Truppen gegenüber dem unerlaubten Befehle tatsächlich verhindert worden, so wird derjenige, der den Befehl gegeben hat, mit dem Tode bestraft[3]).

Ebenso werden die Offiziere und Kommandanten der Truppen, die dem unerlaubten Befehle gehorcht haben, mit zeitiger Zwangsarbeit bestraft.

Art. 61. Wer vorsätzlich, d. h. zu verräterischen Zwecken, dem Staate gehörige Gebäude, Munitionsräume, Speicher und Arsenale verbrennt oder zerstört, wird mit dem Tode bestraft[4]).

Art. 62. Wer sich an die Spitze einer bewaffneten Bande stellt, die gebildet worden ist, um dem Staate gehörige bewegliche und unbewegliche Güter und Gelder oder Gemeindegüter gewaltsam an sich zu reißen, zu plündern und zu verwüsten, oder um den gegen

---

[1]) Vergl. franz. StrGB. Art. 93.

[2]) Dieser erste Absatz ist erst durch Gesetz vom 1. Muharrem 1298 (1881) hinzugefügt worden.

[3]) Vergl. franz. StrGB. Art. 94.

[4]) Vergl. franz. StrGB. Art. 95.

die Urheber derartiger Verbrechen vorgehenden Regierungstruppen Widerstand zu leisten, oder wer bei einer solchen Bande eine leitende Stellung inne hat, wird mit dem Tode bestraft[1]).

Mitglieder solcher Räuberbanden, die keine Führerstellung inne haben, werden, falls sie am Tatorte ergriffen werden, mit zeitiger Zwangsarbeit bestraft.

Zusatz[2]). Briganten, die, als solche bekannt, sich in den Bergen und auf den Feldern bewaffnet herumtreiben und die ihnen begegnenden Reisenden anhalten und ausplündern, werden, dem Grade ihrer Beteiligung und der Schwere ihrer Straftaten entsprechend, mit zeitiger oder lebenslänglicher Zwangsarbeit bestraft.

Sind Personen unter ihnen, die derartige Verbrechen von jeher und gewohnheitsmäßig verüben oder die überfallenen Reisenden in barbarischer Weise mißhandelt oder bei der Betreibung ihres Räuberhandwerks Morde begangen haben, so werden diese mit dem Tode bestraft.

Art. 63 (durch die Novelle samt Zusatz aufgehoben)[3]).

Alte Fassung: Wer die Angelegenheiten einer der im vorhergehenden Artikel bezeichneten Räuberbanden, die eine festgeschlossene Gesellschaft bildet, aus der Ferne oder in der Nähe leitet, wer eine solche Bande organisiert, ihr wissentlich und freiwillig Waffen, Munition und andere Verbrechenswerkzeuge verschafft, Lebensmittel und Mundvorrat zuschickt, mit dem Räuberhauptmann und Führer heimlich Nachrichten gewechselt hat, und wer endlich in Kenntnis des Zieles und der Absichten und des Treibens solcher Räuberbanden ohne zwingende Veranlassung ihnen Obdach, Versteck oder Gelegenheit zu Zusammenkünften verschafft, wird mit zeitiger Zwangsarbeit bestraft[4]).

Zusatz[5]). Wer für Briganten in Kenntnis ihres Charakters als solche den Hehler gemacht hat, wird mit zeitiger Zwangsarbeit bestraft.

Art. 64. Wer, ohne Führer einer solchen Räuberbande zu sein und ohne ihr sonst Dienste zu leisten, auf die erste Aufforderung der Zivil- und Militärbehörden zur Auflösung der Bande hin sich von ihr trennt oder auch später außerhalb der Orte der verbrecherischen Zusammenkünfte, ohne Waffen und ohne Widerstand zu leisten, ergriffen wird, bleibt wegen der Beteiligung an aufrührerischen Handlungen straflos. Hat er in diesem Falle für seine eigene Person eine strafbare Handlung besonderer Art begangen, so wird er nur dafür bestraft. In jedem Falle wird er aber unter Polizeiaufsicht gestellt[6]).

Art 65. Von den Mitgliedern der Banden bleiben diejenigen straffrei, welche vor der Ausführung der Räubereien und dem Ver-

---

1) Vergl. franz. StrGB. Art. 96 Satz 1.
2) Beruht auf Gesetz vom 6. Djemazi-ül-achyr 1277 (1860).
3) Vergl. Anm. 2 zu Art. 45.
4) Vergl. franz. StrGB. Art. 96 Satz 2 und Art. 99.
5) Beruht auf Gesetz vom 26. Djemazi-ül-achyr 1277 (1860).
6) Vergl. franz. StrGB. Art. 100.

suche dazu oder vor Beginn der Verfolgung die Mitschuldigen den Behörden anzeigen oder nach der Einleitung der Verfolgung deren Festnahme ermöglichen. Jedoch werden sie auf die Zeit von höchstens zwei Jahren unter Polizeiaufsicht gestellt[1]).

Art. 66. Wer auf Plätzen und Märkten und an sonstigen öffentlichen Orten durch Reden oder durch Anheften von Plakaten oder durch Verteilung von Druckschriften die Einwohner zur Verübung der in diesem Abschnitt aufgeführten Verbrechen unmittelbar aufreizt, wird wie der eigentliche Täter bestraft. Sind die aufreizenden Handlungen nicht von Erfolg begleitet gewesen, so tritt lebenslängliche Verbannung ein[2]).

Zusatz[3]). Wer solchen Zwecken dienende gedruckte und ungedruckte Urkunden und Broschüren schädlicher Art in der Absicht, sie zu verbreiten, bei sich aufbewahrt, aber sie noch nicht verbreitet hat, wird mit Festungshaft nicht unter fünf Jahren betraft.

Wer, ohne selbst an der verbrecherischen Handlung teilzunehmen, lediglich derartige in seine Hände gelangte, schädliche Urkunden den Behörden vorenthält, indem er sie bei sich verbirgt, wird mit Gefängnis von einem Jahre bis zu drei Jahren bestraft.

## Dritter Abschnitt.

### Bestechung.

*Art. 67. Bestechung liegt in den Fällen vor, in welchen Richter und überhaupt alle Beamte, die amtliche Pflichten und Obliegenheiten erfüllen, ferner gewählte und ernannte Mitglieder amtlicher Ausschüsse sowie sonstige mit einer öffentlichen Obliegenheit betraute Privatpersonen, wie Schiedsrichter und Sachverständige, endlich auch Prozeßvertreter Geld oder Geschenke oder andere Vorteile zugesichert erhalten, damit sie Handlungen vollziehen oder nicht vollziehen, zu deren Vornahme sie durch Gesetz oder Verordnung verpflichtet sind, oder damit sie Handlungen vollziehen oder nicht vollziehen, zu deren Vornahme sie nicht verpflichtet sind. Ebenso gilt als Bestechung, wenn sie in dieser Absicht bewegliche oder unbewegliche Sachen zu einem niedrigeren oder höheren Preise verkaufen und zwischen dem wirklichen Wert dieser Sachen und dem vereinbarten Preis ein erheblicher Unterschied besteht.*

Alte Fassung: Bestechung ist alles, war zur Förderung eines Zweckes unter welcher Beziehung auch immer genommen oder gegeben wird. Ebenso liegt Bestechung vor, wenn in dieser Absicht eine bewegliche oder unbewegliche Sache zu einem in Anbetracht der zeitlichen und örtlichen Umstände erheblich niedrigeren oder höheren Preise gekauft oder verkauft wird, als dem wirklichen Werte entspricht. Dasselbe gilt von Geschenken, die bei Hochzeiten und andern feierlichen Gelegenheiten für Staatsbeamte von Männern

---

[1]) Vergl. franz. StrGB. Art. 108.

[2]) Vergl. Prefsgesetz vom 11. Redjeb 1327 (1909) Art. 17 (s. Anhang I)

[3]) Beruht auf Gesetz vom 19. Zilkade 1309 (1892).

oder Frauen unter dem Namen „paj endaz“[1]) oder unter andern Bezeichnungen in größerem oder geringerem Umfange gegeben werden, mit Ausnahme jedoch der üblichen Trinkgelder für die Dienerschaft.

Als Bestechung gilt es nicht, wenn ein Bedürftiger auf sein Bitten hin als Gratifikation oder Almosen Sachen von geringem Werte, wie Früchte, Lebensmittel, Getränke, erhält, wenn solche Geschenke zwischen Freunden als Zeichen der Zuneigung ausgetauscht werden oder wenn die üblichen Gaben und Trinkgelder an Bedürftige und Dienstboten verteilt werden, oder endlich, wenn es sich um öffentlich und feierlich dargebotene Geschenke handelt, die mit großherrlicher Erlaubnis angenommen werden.

Wer sich unmittelbar selbst oder durch Mittelspersonen bestechen läßt, heißt der „Bestochene“, wer solche Geschenke gibt, „Bestecher“, und wer zwischen diesen beiden vermittelt hat, „Bestechungsvermittler“.

*Art. 68. Der Bestochene hat das erhaltene Geld in doppelter Höhe zurückzuerstatten oder den Betrag dessen als Geldstrafe zu zahlen, was an (Bestechungs-) Geldern und sonstigen Vorteilen abgemacht worden war. Außerdem wird er mit zeitiger Festungshaft bestraft. Ist durch die dabei vorgenommene Handlung ein Recht verletzt worden, so tritt Festungshaft nicht unter fünf Jahren ein.*

Alte Fassung: Der Bestochene wird, welchen Rang, welche Stellung und welches Amt er auch immer inne haben mag, nachdem ihm zunächst das erhaltene Bestechungsgeld als Geldstrafe, die den Bestecher trifft, wieder abgenommen und außerdem ein gleicher Betrag ihm selbst noch als Geldstrafe auferlegt worden ist, mit zeitiger Festungshaft und Amtsentsetzung für die Zeit von sechs Jahren bestraft, falls er sich dieses Vergehens zum ersten Male schuldig gemacht hat.

*Art. 69. Der Bestecher hat den Betrag, den er gegeben oder zugesichert hatte, als Geldstrafe zu zahlen. Ist erwiesen, daß die Bestechung zum Zwecke der Verletzung irgend eines Rechts erfolgt ist, so tritt außerdem Festungshaft ein.*

Alte Fassung: Der Bestecher wird, welchen Rang, welche Stellung und welches Amt er auch immer inne haben mag, nachdem das gezahlte Bestechungsgeld gemäß der Bestimmungen des vorhergehenden Artikels, als Geldstrafe für ihn, vom Bestochenen eingezogen worden ist, wie dieser letztere mit zeitiger Festungshaft und Amtsentsetzung für die Zeit von sechs Jahren bestraft, falls er sich dieses Vergehens zum ersten Male schuldig gemacht hat.

Art. 70 (durch die Novelle aufgehoben).

Alte Fassung: Der Bestechungsvermittler wird, welchen Rang, welche Stellung, welches Amt er auch innehaben mag, in gleicher Weise wie der Bestochene und der Bestecher, mit zeitiger Festungshaft und Amtsentsetzung für die Zeit von sechs Jahren bestraft, falls er sich dieses Vergehens zum ersten Male schuldig gemacht hat.

---

[1]) Wörtlich übersetzt: „Fuſs werfend“ = Ausdruck der Unterwürfigkeit (vergleichbar etwa unserem deutschen „Kratzfuſs“).

Art. 71 (durch die Novelle aufgehoben).

Alte Fassung: Hat der Bestochene oder der Bestecher oder der Bestechungsvermittler keinen Rang und kein Amt, so wird er gleichwohl in derselben Weise bestraft, wie die Inhaber eines Ranges oder Amtes.

Art. 72 (durch die Novelle aufgehoben).

Alte Fassung: Ist die bestochene Person eine verheiratete Frau und hat ihr Ehemann erwiesenermaßen Kenntnis von der Bestechung gehabt, so wird von ihnen beiden ebenfalls der doppelte Betrag des Bestechungsgeldes erhoben und gegen beide zusammen auf die im Art. 68 bestimmten Strafen erkannt. Ist die Bestochene unverheiratet, oder ist sie verheiratet und hat es sich während der Gerichtsverhandlung nicht erweisen lassen, daß ihr Ehemann von der Bestechung unterrichtet war und seine Zustimmung dazu gegeben hatte, so wird gegen die Frau allein auf Geldstrafe sowie auf ein Jahr Gefängnis erkannt.

Art. 73 (durch die Novelle aufgehoben).

Alte Fassung: Ist eine Frau Bestecherin oder Bestechungsvermittlerin, so wird sie zusammen mit ihrem Ehemann, wenn dieser Mitwisser war, zu der im vorhergehenden Artikel für die bestochene Frau festgesetzten Strafe verurteilt.

Art. 74 (durch die Novelle aufgehoben).

Alte Fassung; Ist der Bestochene, der die wegen dieses Vergehens gegen ihn erkannte Strafe abgebüßt hat, rückfällig, so wird er abermals zur Rückerstattung der erhaltenen Bestechungsgelder in doppelter Höhe, sowie zu zeitiger Festungshaft nicht unter fünf Jahren verurteilt. Außerdem ist auf dauernden Verlust der Rangstellung und des Amtes zu erkennen.

Art. 75 (durch die Novelle aufgehoben).

Alte Fassung: Der Bestecher oder der Bestechungsvermittler wird im Rückfalle ebenfalls mit Festungshaft nicht unter fünf Jahren und dauerndem Verlust der Rangstellung und des Amtes bestraft.

*Art. 76. Ist gerichtlich erwiesen, daß die Hingabe und Annahme von Geldern und Gegenständen zu Bestechungszwecken noch nicht erfolgt, aber eine schriftliche Verpflichtungserklärung darüber ausgestellt ist, oder daß auch ein solches Schriftstück nicht gegeben wurde, sondern nur eine besondere Abmachung über Hingabe und Annahme von Bestechungsgeldern stattgefunden hat, deren Einhaltung durch Umstände, die zu beseitigen dem Bestecher und Bestochenen nicht möglich war, verhindert worden ist, so werden derartige Verträge doch schon als vollzogene Bestechung angesehen und die Täter gemäß Art. 68 und 69 bestraft.*

Alte Fassung: Ist gerichtlich erwiesen, daß die Hingabe und Annahme von Geldern und Gegenständen zu Bestechungszwecken noch nicht erfolgt, aber eine schriftliche Verpflichtungserklärung oder ein Schuldschein darüber ausgestellt ist, oder daß auch ein solches Schriftstück nicht gegeben wurde, sondern nur eine besondere Abmachung über Hingabe und Annahme von Bestechungsgeldern stattgefunden hat, deren Einhaltung durch Umstände, die zu beseitigen dem Bestecher oder dem Bestochenen nicht möglich war, verhindert worden ist, so werden derartige Verträge doch schon als vollzogene Bestechung angesehen und die Täter in demselben Maße bestraft, wie Bestochene, Bestecher und Bestechungsvermittler, jedoch mit der Maßgabe, daß der vereinbarte Bestechungspreis von dem Bestecher und zugleich noch einmal vom Bestochenen als Geldstrafe eingezogen wird.

Art. 77. Wenn jemand, der zur Rettung seines Lebens oder seines Eigentums oder seiner Ehre oder überhaupt zur Wahrung berechtigter Interessen ernstlich zur Hingabe von Bestechungsgeldern gezwungen wurde, späterhin von diesem Fall der Behörde Anzeige erstattet, so erhält er das Geld zurückerstattet und der Empfänger der Bestechungsgelder wird wie ein Bestochener bestraft. Hat er diese Anzeige über die erzwungene Hingabe von Bestechungsgeldern nicht rechtzeitig, d. h. sogleich nach dem Aufhören der Zwangslage und der Beseitigung seiner Befürchtungen mittels einer in Konstantinopel an den Großwesir, in den Provinzen an den Wali[1]) oder Ortsausschuß gerichtete Eingabe erstattet und erhalten diese Behörden von anderer Seite Kenntnis davon, so unterliegt er den gleichen Strafen wie der Bestecher.

Art. 78. Verlangt ein Beamter von einer Person, die zur Regulierung einer Angelegenheit an sich nicht unerlaubter Natur an ihn sich zu wenden gezwungen ist, Geld und erstattet diese Person unter Beibringung von Beweisen Anzeige davon, so wird von einem solchen Beamten soviel Geld, wie er verlangt hat, eingezogen und die Hälfte davon als Belohnung dem Anzeigenden übergeben, dessen Angelegenheit zugleich ordnungsgemäße Erledigung findet. Der Beamte, der die Bestechungsgelder verlangt hat, wird außerdem als Bestochener bestraft[2]).

Art. 79. Wenn jemand, dem aus irgend einem Anlasse Bestechungsgelder angeboten werden, sei es vor, sei es nach ihrer Annahme innerhalb eines Zeitraumes von höchstens zwei Monaten in Konstantinopel dem Großwesirat, in den Provinzen den höchsten Beamten und dem Verwaltungsrat des Ortes, ohne daß der Fall vorher zur behördlichen Kenntnis gelangt ist, Anzeige erstattet und zugleich das etwa erhaltene Geld abliefert, so wird ihm eine Belobigung erteilt. Vom Bestecher wird, auch wenn das Geld noch nicht entgegengenommen worden ist, der Betrag als Geldstrafe eingezogen, zugleich finden die oben für den Bestecher aufgeführten Strafen auf ihn Anwendung.

Art. 80. Wenn jemand, der mit der Vergebung von Staatseinkünften betraut ist, diese Einkünfte, obwohl andere Angebote vorhanden sind, um Geld und persönliche Vorteile an eine bestimmte Person zu einem niedrigeren Preise erzielt, so wird er wie ein Dieb

[1]) Wali = Provinzialstatthalter, Oberpräsident.

[2]) Vergl. franz. StrGB. Art. 177.

von Staatsgütern angesehen und nach den im folgenden vierten Abschnitte, Art. 82, aufgeführten Bestimmungen wegen Diebstahls bestraft.

Art. 81. Bezweckt die Bestechung, einen andern ein Verbrechen begehen zu lassen, und unterliegt dieses Verbrechen einer schwereren Strafe als für die Bestechung vorgesehen ist, so wird zunächst das Bestechungsgeld von dem Bestochenen, d. h. demjenigen, der es genommen und das Verbrechen begangen hat, eingezogen und außerdem dieser sowohl wie auch der Bestecher, d h. derjenige, der das Geld gegeben und zu dem Verbrechen angestiftet hat, und ebenso etwaige Vermittler hierbei mit den in dem vorliegenden Strafgesetzbuche für die Urheber, für die Anstifter und für die Vermittler eines solchen Verbrechens festgesetzten Strafen belegt[1]).

## Vierter Abschnitt.

### Entwendung und Veruntreuung staatlicher Güter.

Art. 82. Wer dem Staate gehörige Gelder und Gegenstände in bar oder in natura entwendet, hat den doppelten Wert des Gestohlenen der Staatskasse zurückzuerstatten. Außerdem wird er mit Festungshaft nicht unter fünf Jahren und zugleich mit dauerndem Verlust der Rangstellung und des Amtes bestraft

Art. 83. Wenn jemand, der mit dem Einkauf oder Verkauf oder der Herstellung von Gegenständen für Rechnung des Staates betraut ist, durch unlautere Manipulationen beim Ein- und Verkauf oder in bezug auf ihren Preis, ihre Menge oder ihre Herstellung in irgend einer Weise Betrügereien verübt, so wird er als Dieb angesehen und es finden die im vorhergehenden Artikel festgesetzten Strafen auf ihn Anwendung.

Art. 84. Gleiche Strafe trifft denjenigen, welcher sich, ohne eine Rangstellung oder ein Amt innezuhaben, einen Diebstahl derselben Art hat zu schulden kommen lassen.

Art. 85. Staatsbeamte, welche durch Diskontieren der in den Händen von Staatsgläubigern befindlichen Schatzbons und anderer, staatlichen Schuldverschreibungen Geld gewinnen oder welche dafür daß sie den Gläubigern Zahlung ihrer Forderungen verschaffen, von diesen Geld oder andere Geschenke annehmen, haben die erhaltenen Gelder oder Gegenstände zurückzuerstatten und werden außerdem mit zeitiger Festungshaft bestraft. Wenn jemand, der demselben Ressort, wie ein solcher Staatsbeamter, angehört oder zu ihm in verwandtschaftlichen Beziehungen oder in einem Abhängigkeitsverhältnis steht, mit seiner Erlaubnis diese Schatzanweisungen diskontiert, so wird er sowohl wie auch der Beamte, der dies begünstigt hat, in gleicher Weise bestraft.

Art. 86. Wer als Staatsbeamter in hoher oder niedriger Stellung den bei seinem Verwaltungszweige beschäftigten Arbeitern die ihnen

---

[1]) Vergl. franz. StrGB. Art. 178.

zukommenden Arbeits- und Transportlöhne oder den Lieferanten den Preis für Waren ganz oder teilweise nicht auszahlt oder die Arbeiter umsonst Frohndienste leisten läßt, wird zur Zahlung des doppelten Betrages seines hieraus entstandenen Gewinns verurteilt, wovon die eine Hälfte den Berechtigten als Gegenwert für den Lohn oder den Warenpreis zukommt, die andere als Geldstrafe gilt. Außerdem wird auf zeitige Festungshaft erkannt.

Art. 87. Wer als Staatsbeamter in hoher oder niedriger Stellung die für die staatliche Sicherheit oder den Steuereintreibungsdienst bestimmten Polizeimannschaften nicht in vorgesehener Anzahl einstellt, sich aber die dafür festgesetzten Löhne in voller Höhe auszahlen läßt, oder wer diese Mannschaften ihrem eigentlichen Dienste ganz und gar entzieht und sie in seinem Privatdienste verwendet oder seine persönliche Dienerschaft in die Polizeimannschaftsrollen eintragen läßt und die dafür ausgeworfenen Löhne für sie verwendet, wird zur Zahlung des doppelten Betrages der Löhne verurteilt, die er sich für die fehlenden Mannschaften hat auszahlen lassen oder die er für die in seinem Privatdienste verwendeten Mannschaften erhalten und verwendet hatte. Außerdem wird auf zeitige Festungshaft erkannt.

Art. 88. Beamte und andere Personen, welche gegen die im Gesetze über die Vergebung von Gehältern enthaltenen Bestimmungen bezüglich der Versteigerung und Zuschlagserteilung verstoßen oder in sonstiger Weise diesem Gesetze zuwiderhandeln, werden ihres Amtes entsetzt und mit Gefängnis von einem Jahr bis zu zwei Jahren oder Verbannung von zwei bis zu drei Jahren bestraft. Zugleich haben sie den aus ihrer Handlungsweise der Staatskasse erwachsenen Schaden zu ersetzen.

Art. 89. Wer als Staatsbeamter in hoher oder niedriger Stellung bei Angelegenheiten von größerer oder geringerer Bedeutung, die seiner Verwaltung oder Beaufsichtigung unterliegen, an Lieferungsgeschäften für den Staat, sei es offen oder sei es heimlich, persönlich oder durch Mittelspersonen oder durch Zusammenschluß mit anderen interessiert ist[1]), oder (bei staatlichen Vergebungen) die Herstellung oder Erbauung in Bausch und Bogen entweder selbst übernimmt oder sich mit andern Unternehmern als Teilhaber zu diesem Zwecke zusammentut, wird seines Amtes entsetzt und mit Verbannung von einem Jahr bis zu zwei Jahren bestraft. Wer bei derartigen staatlichen Lieferungen eine Kommission erhält oder sich durch Umwechseln von Geldern einen Gewinn verschafft, wird seines Amtes entsetzt und zugleich mit Gefängnis von einem Jahr bis zu zwei Jahren oder Verbannung von zwei bis zu drei Jahren bestraft.

Art. 90. Hat ein Beamter der Zivil- oder Finanzverwaltung auf irgend eine Weise staatliche Gelder auf sein Konto überschreiben lassen oder die Überschreibung auf einen andern begünstigt, so wird

---

[1]) Vergl. franz. StrGB. Art. 175.

er seines Amtes entsetzt und mit Gefängnis von drei Monaten bis zu zwei Jahren oder Verbannung von sechs Monaten bis zu drei Jahren bestraft.

Art. 91. Lieferanten von Ausrüstungsgegenständen für Heer und Marine, welche durch eigene Schuld ihre Verpflichtungen in mangelhafte und unvollkommener Weise erfüllen, müssen die Beträge, die sie als Anzahlung auf die den Gegenstand des Lieferungsvertrages bildenden Waren erhalten haben, als Schadenersatz zurückerstatten und haben außer diesem Schadenersatz noch den vierten Teil vom Betrage desselben als Geldstrafe zu entrichten.

Art. 92. Staatsbeamte, welche Lieferanten bei der mangelhaften Ausführung staatlicher Lieferungen unterstützen, werden mit drei Jahren Gefängnis bestraft.

Art. 93. Wenn militärische Ausrüstungsgegenstände, die den Inhalt von Lieferungsverträgen bilden, ohne entschuldbaren Grund nicht rechtzeitig geliefert werden, oder wenn hinsichtlich der Art, Beschaffenheit und Menge der zu liefernden oder zu verfertigenden Gegenstände Betrügereien im Spiele sind, so haben die Schuldigen Schadenersatz zu leisten und außerdem den vierten Teil vom Betrage desselben noch als Geldstrafe zu zahlen.

## Fünfter Abschnitt.

### Missbrauch der Amtsgewalt oder Amtsstellung und Nichterfüllung der Amtspflichten.

Art. 94. Abgesehen von den Fällen, wo jemand in gerichtlich anhängigen Prozeßsachen lediglich im Dienste der Gerechtigkeit Gerichten oder Ausschüssen mündliche oder schriftliche Mitteilungen zukommen läßt, die als der Beurteilung dienliche Hinweise Verwendung finden sollen, unterliegen Beamte in hoher oder niedriger Stellung, welche Gerichten oder Ausschüssen gegenüber in sonstiger Weise, sei es persönlich, sei es durch Mittelspersonen, schriftlich oder mündlich in begünstigender oder mißgünstiger Absicht für oder gegen die Prozeßparteien irgend einen Befehl, eine Bitte oder Verwendung aussprechen, und ebenso die dadurch beeinflußten Gerichte und Ausschüsse den im Folgenden festgesetzten Strafen.

Art. 95. Hat ein Beamter sich in der oben beschriebenen Weise unter Anwendung einer ihm kraft seiner amtlichen Stellung zustehenden, befehlshaberischen Gewalt eingemischt, so wird er auf Anzeige der Gerichte oder Ausschüsse hin, die sich nicht haben beeinflussen lassen, seines Amtes entsetzt; ist die Einmischung in Form einer Bitte oder eines Ersuchens erfolgt, so wird er gleichfalls auf die Anzeige der Gerichte oder Ausschüsse hin, die sich nicht haben beeinflussen lassen, zu einer Geldstrafe von zehn bis fünfzig türkischen Pfunden verurteilt.

Art. 96. Hat eine derartige Einmischung in einen Prozeß eine Rechtsbeugung zur Folge gehabt, so wird der Beamte, auf dessen Befehl das betreffende Urteil ergangen ist, seines Amtes entsetzt und zugleich mit Gefängnis von drei Monaten bis zu eineinhalb Jahren oder Verbannung von sechs Monaten bis zu drei Jahren bestraft. Ist das betreffende Urteil auf seine Bitte oder sein Ersuchen hin gefällt worden, so wird neben der Geldstrafe auf Gefängnis von eineinhalb bis zu drei Monaten oder Verbannung von drei bis zu sechs Monaten erkannt.

Art. 97. Wenn ein Gericht oder Ausschuß von der in Form eines Befehls, einer Bitte oder eines Ersuchens erfolgten Prozeßeinmischung der Behörde keine Anzeige erstattet, so wird der Richter oder Vorsitzende, selbst wenn er dem Befehl oder der Bitte oder dem Ersuchen nicht nachgegeben hat, seines Amtes entsetzt.

Art. 98. Wenn ein Gericht oder Ausschuß von dem Befehl, der Bitte oder dem Ersuchen der Behörde nicht nur nicht Anzeige erstattet, sondern sich dadurch sogar zu einer Rechtsbeugung verleiten läßt, so wird der Richter wie auch der Ausschußpräsident mit Amtsentsetzung für die Zeit von sechs Jahren und mit dreijähriger Verbannung bestraft. Die Mitglieder des Ausschusses trifft nur die Strafe der Amtsentsetzung für die Zeit von sechs Jahren. Sowohl die Richter und Präsidenten wie auch die Mitglieder werden dauernd zur Bekleidung richterlicher oder Ausschußämter unfähig erklärt.

Art. 99. Ein Staatsbeamter in hoher oder niedriger Stellung, welcher seinen Einfluß und seine Machtstellung unmittelbar oder mittelbar dazu verwendet, um die Ausführung obrigkeitlicher Befehle oder gesetzlicher Vorschriften oder die Eintreibung ordentlicher Auflagen zu verhindern, wird zu zeitiger Gefängnisstrafe verurteilt.

Sind Beamte zu einer solchen Handlungsweise durch Befehle ihres Vorgesetzten gezwungen worden, so unterbleibt ihre Bestrafung und es wird derjenige bestraft, der den Befehl zuerst veranlaßt hat.

Hat eine derartige Handlungsweise ein noch schwereres Verbrechen nach sich gezogen, so findet die auf dies schwerere Verbrechen gesetzte Strafe Anwendung [1].

Zusatz I[2]: Sind diejenigen, welche ihren Einfluß und ihre Machtstellung in dieser Weise verwendet haben, keine Beamten, so werden sie gleichfalls mit Gefängnis, jedoch nicht über ein Jahr, bestraft.

*Zusatz II. Wer den von der Regierung zur Absperrung von Häusern und anderen Orten, an denen Krankheits- und Todesfälle an Cholera und anderen ansteckenden Krankheiten vorgekommen sind, getroffenen Anordnungen und Maßnahmen zuwiderhandelt, wird, je nach der Schwere seiner Tat, mit Gefängnis von einem Monat bis zu zwei Jahren bestraft.*

---

[1]) Vergl. franz. StrGB. Art. 188, 190, 191.

[2]) Geschaffen durch Gesetz vom 26. Djemazi-ül-achyr 1277 (1861).

Zusatz III. *Wer die zur Aufrechterhaltung der guten Sitten oder zur Wahrung der öffentlichen Sicherheit oder zur Beschränkung der Ausdehnung ansteckender Krankheiten von der Regierung getroffenen und mittels großherrlichen Erlasses bekanntgegebenen Anordnungen nicht beachtet, wird mit Geldstrafe von einem türkischen Pfund bis zu fünfzehn türkischen Pfunden und mit Gefängnis von vierundzwanzig Stunden bis zu einem Monat bestraft* [1]*).*

Art. 100. Ein Wali[2]), Mutessarif[3]), Kaimakam[4]), Defterdar[5]), Richter, Finanzdirektor oder Kreisvorsteher, der in seiner Provinz, seinem Regierungsbezirk, seinem Kreise oder überhaupt an den Orten seiner Verwaltung dem bestehenden strengen Verbot entgegen mit Korn, Lebensmitteln und andern zum Lebensunterhalt der Bevölkerung notwendigen Gegenständen offen oder heimlich in eigener Person oder gemeinschaftlich mit andern oder durch eine Mittelsperson Handel treibt, wird seines Amtes entsetzt und mit Geldstrafe von fünfundzwanzig bis zu tausend türkischen Pfunden bestraft. Auf den Handel mit Erzeugnissen der Grundstücke und Ländereien, die solchen Beamten am Orte ihres Amtssitzes zu eigen gehören, findet diese Bestimmung keine Anwendung.

Art. 101. Ein Staatsbeamter, welcher die von der Regierung angeordnete Veröffentlichung von großherrlichen Firmanen, Großwesirats- und andern Erlassen ohne annehmbaren triftigen Grund hinauszögert, wird seines Amtes entsetzt. Sind dadurch die Interessen

---

[1]) In Ausführung der Bestimmungen von Zusatz III zu Art. 99 hat der Ministerrat unterm 22. Rebi-ul-evvel 1330 (12. März 1912) folgende Verordnung erlassen:

Art. 1. Wer zu mehr als zwei Monaten Gefängnis verurteilt worden ist, darf innerhalb des Stadtgebietes ohne amtliche Erlaubnis weder heimlich noch offen Revolver oder andere Schießwaffen, Dolchmesser und dergleichen Stichwaffen tragen, auch wenn es sich nicht um verbotene Waffen handelt.

Art. 2. Auf Verlangen der Polizeibeamten sind Reisende unterwegs und bei der Ankunft an Landungsplätzen verpflichtet, ihre Ausweispapiere vorzuzeigen sowie ihren Bestimmungs- und Herkunftsort anzugeben.

Art. 3. Besitzer von Herbergen, Gasthöfen, Pensionaten, Mietswohnungen und dergleichen, die Gäste und Mieter gegen Bezahlung aufnehmen, sind verpflichtet, binnen 24 Stunden von ihren für ein Nachtquartier absteigenden Gästen und Mietern Personenstandslisten nach vorgeschriebenem Muster ausfüllen und unterzeichnen zu lassen, welche alsdann der nächstgelegenen Polizeistation einzureichen sind.

Art. 4. Es ist verboten, Stücke aufzuführen, die eine Beleidigung gegen die in der Türkei anerkannten Religionen und Kulte enthalten oder gegen die guten Sitten verstoßen oder die öffentliche Ruhe gefährden.

Art. 5. Es ist verboten, an anderen als den von zuständiger Stelle dafür bestimmten Orten Freudenhäuser zu eröffnen.

Art. 6. Handlungen, die mit den Geboten der in der Türkei anerkannten Religionen in Widerspruch stehen oder die Bevölkerung aufreizen, sind verboten.

(Die Bestimmung des Art. 6 richtet sich insbesondere gegen das Tragen der europäischen Tracht von mohammedanischen Frauen.)

[2]) = Provinzialstatthalter, Oberpräsident.

[3]) = Regierungsrat.

[4]) = Landrat.

[5]) = Provinzialsteuerdirektor.

der Regierung oder des Landes geschädigt worden, so finden außerdem die Strafen Anwendung, die hierfür besonders bestimmt sind.

*Art. 102. Ein Staatsbeamter, welcher sich bei der Erfüllung seiner Amtspflichten ohne entschuldbaren Grund Nachlässigkeiten zu schulden kommen läßt, oder die Befehle, die ihm von seinen Vorgesetzten auf Grund gesetzlicher Vorschriflten gegeben werden, gleichfalls ohne jeden entschuldbaren Grund nicht ausführt, wird, der Wichtigkeit seines Amtes entsprechend, mit Geldstrafe von drei bis zu hundert türkischen Pfunden bestraft.*

*Wenn infolge dieser Nachlässigkeiten oder infolge der Nichtausführung der auf Grund gesetzlicher Vorschriften gegebenen Befehle der Vorgesetzten für den Staat ein Schaden entsteht, so wird je nach dessen Höhe auf Gefängnisstrafe von einer Woche bis zu drei Jahren und zugleich auf dauernden oder zeitigen Verlust der Rangstellung und des Amtes erkannt. Sind dadurch andere Personen geschädigt worden, so tritt außerdem noch Verurteilung zu Schadenersatzleistung ein.*

Alte Fassung: Ein Beamter, der sich bei der Ausführung der seitens seines Vorgesetzten ergangenen, seine Amtspflichten betreffenden Anordnungen ohne triftigen Grund Nachlässigkeiten oder Unregelmäßigkeiten zu schulden kommen läßt, wird mit Geldstrafe in Höhe eines Monatsgehalts bestraft. Wenn er die Befehle seines Vorgesetzten aus Ungehorsam nicht ausführt, so wird er seines Amtes entsetzt. Sind durch diese Verzögerung in der Ausführung oder durch den Ungehorsam die Interessen der Regierung oder des Landes geschädigt worden, so finden außerdem die Strafen Anwendung, die hierfür besonders bestimmt sind.

## Sechster Abschnitt.

### Übergriffe Staatsbeamter gegen Privatpersonen.

Art. 103. Mitglieder eines Gerichts oder Ausschusses oder sonstige Staatsbeamte, die gegen Angeschuldigte, um sie zum Geständnis ihrer Straftaten zu veranlassen, auf Folterung erkennen oder die Folter selbst anwenden, werden mit zeitiger Festungshaft oder dauerndem Verlust der Rangstellung und des Amtes betraft. Haben unterstellte Beamte auf Befehl ihrer Vorgesetzten gehandelt, so trifft die Strafe denjenigen, der den Befehl gegeben hat.

Ist der Gefolterte infolge davon gestorben oder hat die Folterung die Gebrauchsunfähigkeit oder den Verlust eines Gliedes zur Folge gehabt, so wird gegen den betreffenden Beamten wegen Tötung oder Körperverletzung vorgegangen.

Art. 104. Mitglieder eines Gerichts oder Ausschusses oder sonstige Staatsbeamte, die eine schwerere Strafe gegen den Angeklagten verhängen oder vollstrecken, als gesetzlich bestimmt ist, werden mit Gefängnis von sechs Monaten bis zu drei Jahren bestraft und zugleich ihres Amtes mit der Maßgabe entsetzt, daß sie weiterhin zu Gerichten und Ausschüssen in amtlicher Stellung nicht mehr hinzugezogen werden dürfen.

*Art. 105. Ein Beamter, welcher unter Mißbrauch seiner Amtsgewalt oder unter Überschreitung der gesetzlich festgelegten Schranken in fremde Wohnungen oder die dazu gehörigen Nebenräume eindringt, wird mit Gefängnis von drei Monaten bis zu drei Jahren, und wenn mit dieser Tat eine andere willkürliche Handlung, wie Haussuchung, verbunden werden sollte, mit Gefängnis von sechs Monaten bis zu drei Jahren bestraft.*

*Wird die gesetzwidrige Haussuchung an sonstigen, im Privatbesitz befindlichen Örtlichkeiten, z. B. in Geschäfts- und Bureauräumen vorgenommen, so tritt gleichfalls Gefängnisstrafe von drei Monaten bis zu drei Jahren ein.*

*Ist erwiesen, daß er auf Befehl seines Vorgesetzten in Angelegenheiten, die innerhalb des Rahmens seiner Amtsbefugnisse liegen, gehandelt hat, so bleibt er selbst straffrei und der Vorgesetzte wird bestraft.*

*Wer, ohne Beamter zu sein, dem Verbote des Eigentümers zuwider unter Anwendung von Drohungen oder mit Gewalt oder heimlich in ein fremdes Haus eindringt, wird mit Gefängnis von einer Woche bis zu sechs Monaten bestraft.*

Alte Fassung: Ein Beamter, welcher außer den in den Zivil- und Militärgesetzen und Polizeiverordnungen vorgesehenen Fällen und unter Überschreitung der gesetzlich festgelegten Schranken im amtlicher Eigenschaft mit Gewalt in ein fremdes Haus eindringt, wird mit Gefängnis von sechs Monaten bis zu drei Jahren bestraft. Ist erwiesen, daß er dabei auf Befehl seines Vorgesetzten gehandelt hat, so bleibt er selbst straffrei und der Vorgesetzte wird bestraft. Wer, ohne Beamter zu sein, unter Anwendung von Drohung oder mit Gewalt in ein fremdes Haus eindringt, wird mit Gefängnis von einer Woche bis zu sechs Monaten bestraft[1]).

*Art. 106. Wenn ein Beamter der vollstreckenden Gewalt oder ein Polizeibeamter oder Gerichtsvollzieher bei Ausübung seiner Amtstätigkeit oder bei Ausführung der Befehle seines Vorgesetzten in einer über den Rahmen der gesetzlichen Bestimmungen hinausgehenden Weise jemanden ungehörig behandelt, martert, körperlich mißhandelt oder verwundet, so wird er mit Gefängnis von einem Monat bis zu drei Jahren und dauerndem oder zeitigen Verlust der Rangstellung und des Amtes bestraft. Hat er dabei eine strafbare Handlung schwererer Art begangen, so tritt die hierfür besonders festgesetzte Strafe ein.*

Alte Fassung: Wenn ein Beamter der vollstreckenden Gewalt oder ein Polizeibeamter oder Gerichtsvollzieher bei Ausübung seiner Amtstätigkeit oder bei Ausführung der Befehle seines Vorgesetzten in einer über den Rahmen der gesetzlichen Bestimmungen hinausgehenden Weise jemanden ungehörig behandelt, d. h. seine Ehre antastet oder ihn martert, so wird er je nach der Schwere seiner Tat mit Gefängnis von einer Woche bis zu einem Jahre bestraft[2]).

Art. 107. Ein Staatsbeamter oder Würdenträger in hoher oder niedriger Stellung, welcher fremde bewegliche oder unbewegliche

---

[1]) Vergl. franz. StrGB. Art. 184.
[2]) Vergl. franz. StrGB. Art. 186.

Habe gewaltsam kauft oder unter widerrechtlichen Vorwänden mit Beschlag belegt oder verkaufen läßt, hat entweder diese selbst zurückzuerstatten, oder, falls sie nicht mehr vorhanden ist, ihren Wert dem ursprünglichen Eigentümer zu ersetzen. Zugleich wird dieser Beamte ohne Rücksicht auf seine Rangstellung je nach dem Grade seiner Verschuldung mit Verbannung von sechs Monaten bis zu drei Jahren und dauerndem Verlust der Rangstellung und des Amtes bestraft.

Art. 108. Wenn Vorsteher von Behörden hohen oder niedrigen Grades, oder die ihnen unterstehenden Beamten oder die bei solchen Beamten angestellten Personen oder die Pächter staatlicher Einkünfte oder deren Leute von Steuern, Zehnten, Gefällen oder anderen Abgaben einen höheren Betrag eintreiben, als staatlicherseits festgesetzt ist, so werden die Vorsteher der Behörden und die Pächter mit zeitiger Festungshaft, die unterstellten Beamten und deren Leute mit Gefängnis von sechs Monaten bis zu drei Jahren bestraft. Außerdem haben sie die zuviel erhobenen Gelder zurückzuerstatten und zugleich noch einen ebenso hohen Betrag als Geldstrafe zu zahlen.

Art. 109. Ein Beamter in hoher oder niedriger Stellung, der neben einer nach dem Gesetz auferlegten Geldstrafe Geld oder andere Gegenstände von größerem oder geringerem Werte als Strafe erhebt oder sich über den Betrag einer gesetzlich durch ihn einzutreibenden Geldstrafe hinaus eine größere oder geringere Summe auszahlen läßt oder eine Geldstrafe eintreibt, bevor sie durch Urteil auferlegt worden ist, hat das Doppelte des erhobenen Betrages zurückzuerstatten, wovon die Hälfte dem Geschädigten zufällt; außerdem finden die auf Bestechung stehenden Strafen gegen ihn Anwendung.

Art. 110. Staatsbeamte und Standespersonen, welche — von öffentlichen Dienstleistungen abgesehen, die staatlicherseits den gesetzlichen Bestimmungen entsprechend angeordnet und im Interesse der Bevölkerung für notwendig erachtet werden — Leute zu unentgeltlichen Frohndiensten heranziehen, haben diesen für die unentgeltlich geleisteten Dienste die ortsüblichen Lohnsätze nachzuzahlen. Außerdem werden sie, soweit sie Beamte sind, ihres Amtes entsetzt und je nach dem Grade ihrer Verschuldung mit Verbannung von sechs Monaten bis zu drei Jahren bestraft.

Art. 111. Wenn Beamte in hoher oder niedriger Stellung oder deren Untergebene oder Vollstreckungsbeamte oder Gerichtsvollzieher oder Mannschaften und Offiziere des stehenden Heeres oder der Polizei sich bei ihrer Einquartierung in den Häusern der Einwohner von Orten, die sie passieren, Essen und Vorräte mit Gewalt und unentgeltlich verschaffen, so haben sie den Eigentümern den Preis hierfür zu erstatten; außerdem werden sie ihres Amtes und Dienstes entsetzt und mit Gefängnis von einer Woche bis zu einem Monat betraft.

Werden derartige Handlungen von Abteilungen des stehenden Heeres auf dem Marsche begangen, so haben die Offiziere den Gegenwert der genommenen Gegenstände den Eigentümern zurückzuerstatten; außerdem werden sie aus dem Dienste entlassen und mit Gefängnis von sechs Monaten bis zu drei Jahren bestraft.

## Siebenter Abschnitt.

### Widerstand und Ungehorsam gegen die Staatsgewalt und Beamtenbeleidigung.

Art. 112. Wer die Mitglieder eines Gerichts oder Verwaltungsrats oder sonstige Beamte des Staates in der Ausübung ihrer Amtstätigkeit oder wegen der Ausführung einer amtlichen Handlung in einer ihr Ansehen und ihre Ehre bloßstellenden Weise beschimpft, beleidigt oder bedroht, wird mit Gefängnis von einer Woche bis zu sechs Monaten bestraft. Ist die Beleidigung oder Drohung während einer öffentlichen Gerichts- oder Ausschußsitzung erfolgt, so tritt Gefängnisstrafe von sechs Monaten bis zu einem Jahre ein [1]).

*Art. 113. Wer Angehörige des stehenden Heeres oder im allgemeinen von der Regierung mit der Aufrechterhaltung der öffentlichen Ordnung oder Verwaltung betraute Beamte in der Ausübung ihrer Amtstätigkeit oder wegen der Ausführung einer amtlichen Handlung in einer ihr Ansehen und ihre Ehre bloßstellenden Weise beschimpft, beleidigt oder bedroht, wird mit Gefängnis von einer Woche bis zu drei Monaten oder mit Geldstrafe von einem türkischen Pfund bis zu drei türkischen Pfunden bestraft.*

*Sind derartige Beleidigungen gegen Offiziere des stehenden Heeres oder der Gendarmerie oder gegen Polizeikommissare oder deren Gehilfen gerichtet, so tritt Gefängnisstrafe von fünfzehn Tagen bis zu sechs Monaten ein.*

*Wer bei Begehung derartiger Beleidigungen oder Bedrohungen die Waffen gebraucht, wird in jedem Falle mit Gefängnis von sechs Monaten bis zu zwei Jahren bestraft.*

Alte Fassung: Wer Angehörige des stehenden Heeres oder im allgemeinen von der Regierung mit der Aufrechterhaltung der öffentlichen Ordnung oder mit der Verwaltung betraute Beamte in der Ausübung ihrer Amtstätigkeit oder wegen der Ausführung einer amtlichen Handlung in einer ihr Ansehen und ihre Ehre bloßstellenden Weise beschimpft, beleidigt oder bedroht, wird mit Geldstrafe von einem türkischen Pfund bis zu drei türkischen Pfunden bestraft. Sind derartige Beleidigungen gegen Offiziere des stehenden Heeres oder gegen Polizeivorsteher gerichtet, so tritt Gefängnisstrafe von einer Woche bis zu einem Monat ein. Wer bei Begehung derartiger Beleidigungen oder Bedrohun-

[1]) Vergl. franz. StrGB. Art. 222.

gen die Waffen gebraucht, wird in jedem Falle mit Gefängnis von sechs Monaten bis zu zwei Jahren bestraft[1])[2]).

*Art. 114. Wer gegen einen Beamten oder Angehörigen des stehenden Heeres oder einen Gendarmen oder Polizisten in der Ausübung seiner Amtstätigkeit oder wegen der Ausführung einer amtlichen Handlung mit Schlägen oder Gewalttätigkeiten vorgeht, wird mit Gefängnis von sechs Monaten bis zu zwei Jahren bestraft.*

Alte Fassung: Wer einen Beamten oder Angehörigen des stehenden Heeres oder Polizisten in der Ausübung seiner Amtstätigkeit oder wegen der Ausführung einer amtlichen Handlung schlägt, wird, auch wenn keine Waffen gebraucht werden und keine Verwundung dabei erfolgt, mit Gefängnis von sechs Monaten bis zu zwei Jahren bestraft[3]).

*Art. 115. Wer einen bei der Regierung, der Polizei oder der Verwaltung beschäftigten Staatsbeamten in hoher oder niedriger Stellung in der Ausübung seiner Amtstätigkeit oder wegen der Ausführung einer amtlichen Handlung schlägt oder körperlich verletzt oder gegen ihn in einer Weise vorgeht, die zu seiner Erkrankung führt, wird mit Gefängnis von sechs Monaten bis zu drei Jahren bestraft.*

Alte Fassung: Wenn jemand einen bei der Regierung, der Polizei oder der Verwaltung beschäftigten Staatsbeamten in hoher oder niedriger Stellung in der Ausübung seiner Amtstätigkeit oder wegen der Ausführung einer amtlichen Handlung körperlich verletzt oder gegen ihn in einer Weise vorgeht, die zu seiner Erkrankung führt, so wird die je nach der Schwere der strafbaren Handlung gesetzlich bestimmte Strafe verdoppelt[4]).

*Art. 116. Wer Vollstreckungsbeamte, Angehörige der bewaffneten Macht, Steuererheber, mit Vorführungs- und Haftbefehlen versehene Gerichtsvollzieher oder Polizisten sowie Beamte, die von Gerichten irgend wohin als beauftragte Richter entsandt werden, ferner Polizeiagenten und Justizbeamte, während sie Gesetze und Verordnungen des Reiches, Befehle der Regierung, Beschlüsse und Urteile der Gerichte, Vorführungs- und Haftbefehle, Ersuchen, Vorladungen und andere gerichtliche Schriftstücke zustellen oder ausführen, angreift oder gegen sie, um sie an der Ausübung ihrer Amtstätigkeit zu hindern, unter Anwendung von Gewalt oder sonstigen Zwangsmitteln vorgeht, wird in folgender Weise bestraft:*

*1. Werden diese Handlungen von mehr als zwanzig Personen begangen, von denen jeder oder auch nur einer in sichtbarer Weise bewaffnet ist,*

---

[1]) Vergl. franz. StrGB. Art. 223 und 224.

[2]) Entsprechend Art. 8 der Eisenbahnordnung vom 8. Sefer 1284 (abgedruckt im Düstur, Bd. 2 S. 340 ff.):

„Wer Eisenbahnbeamte während der Ausübung ihrer beruflichen Tätigkeit angreift oder sich ihnen unter Anwendung von Tätlichkeiten widersetzt, wird nach den Bestimmungen des Strafgesetzbuchs betr. Widerstand gegen die Staatsgewalt bestraft."

[3]) Vergl. franz. StrGB. Art. 228.

[4]) Vergl. franz. StrGB. Art. 231.

*so tritt Gefängnisstrafe von drei Monaten bis zu drei Jahren ein. Hat sich kein Bewaffneter darunter befunden, so wird auf Gefängnisstrafe von einem Monat bis zu zwei Jahren erkannt.*

*2. Werden die genannten strafbaren Handlungen von nicht weniger als drei, aber höchstens zwanzig Personen begangen, von denen gleichfalls auch nur einer in sichtbarer Weise bewaffnet ist, so tritt Gefängnisstrafe von fünfzehn Tagen bis zu einem Jahre ein. Hat sich kein Bewaffneter darunter befunden, so wird auf Gefängnisstrafe von einer Woche bis zu sechs Monaten erkannt.*

*3. Werden die Handlungen von einer oder zwei in sichtbarer Weise bewaffneten Personen begangen, so tritt Gefängnisstrafe von einer Woche bis zu sechs Monaten und, falls die Person oder die Personen nicht bewaffnet waren, von vierundzwanzig Stunden bis zu einem Monat ein.*

*Wenn bei Begehung der in diesen Bestimmungen aufgeführten Handlungen von Widersetzlichkeit und Ungehorsam Taten verübt werden, auf die eine schwerere Strafe steht, so trifft jeden, der sich in dieser Weise schuldig gemacht hat, die dafür besonders festgesetzte Strafe.*

Alte Fassung: Weigert sich jemand ohne entschuldbaren Grund, einer amtlich an ihn ergangenen Vorladung zum Erscheinen vor Gerichten oder Ausschüssen Folge zu geben, so wird er mit Geldstrafe von einem Medjidyé-Silber[1]) bis zu fünf türkischen Pfunden bestraft. Im Wiederholungsfalle wird die Geldstrafe um den gleichen Betrag erhöht.

## Achter Abschnitt.

### Befreiung von Gefangenen und Verbergen von Verbrechern.

Art. 117. Entweichen seitens der Regierung in Haft genommene Personen, so werden die mit ihrem Transport betrauten Offiziere, Mannschaften oder Gerichtsvollzieher oder die mit ihrer Beaufsichtigung in den Gefängnissen beauftragten Schildwachen, Gefängniswärter, Kerkermeister, Wächter, Pförtner und dergleichen Beamte, falls sie sich dabei eine pflichtwidrige Unachtsamkeit oder Nachlässigkeit haben zuschulden kommen lassen, mit Gefängnis von einer Woche bis zu zwei Monaten bestraft. Haben die Beamten das Entweichen vorsätzlich befördert, so tritt je nach der Schwere des Verbrechens, um dessentwillen der Entwichene zu der Freiheitsstrafe verurteilt worden war, Gefängnisstrafe von sechs Monaten bis zu drei Jahren ein[2])

Art. 118. Haben Personen, die nicht mit der Bewachung von Gefangenen betraut sind, deren Entweichen vermittelt oder erleichtert, so werden sie mit Gefängnis von einer Woche bis zu sechs Monaten bestraft.[3])

Art. 119. Wer Gefangenen, mag er nun mit ihrer Bewachung beauftragt sein oder nicht, Instrumente, Werkzeuge oder Waffen

---

[1]) 1 Medjidyé-Silber = Mk. 3,40.
[2]) Vergl. franz. StrGB. Art. 237.
[3]) Vergl. franz. StrGB. Art. 242.

verschafft, um ihnen zu gewaltsamer Flucht zu verhelfen, wird mit zeitiger Zwangsarbeit bestraft.

Art. 120. Hat jemand, der mit der Bewachung eines Gefangenen betraut ist, diesem unter Annahme von Geld zur Flucht verholfen, so wird er, falls auf der Straftat des Gefangenen Todesstrafe, lebenslängliche Zwangsarbeit oder Festungshaft steht, mit einer Geldstrafe in Höhe des doppelten Betrages der erhaltenen Geldsumme und außerdem mit zeitiger Zwangsarbeit bestraft. Ist die Straftat des Gefangenen ein minder schweres Delikt, so tritt die gleiche Strafe ein, wie bei Bestechung[1] [2].

Art. 121. Wer einen aus dem Gefängnis entwichenen Sträfling oder eine unter der Anklage eines Verbrechens stehende Person wissentlich in seinem Hause verbirgt, wird mit Gefängnis von sechs Monaten bis zu zwei Jahren bestraft.

Verwandte aufsteigender und absteigender Linie, Ehegatten, Brüder und Schwestern bleiben in diesem Falle straffrei.[3]

## Neunter Abschnitt.

### Siegelbruch und Beseitigung amtlicher, in Gewahrsam befindlicher Gegenstände und Akten.

Art. 122. Sind Siegel erbrochen und abgelöst worden, die auf Befehl einer Behörde oder eines Gerichts aus irgend welchen Gründen an Räumlichkeiten, Gegenstände oder Schriftstücke, um sie unangetastet zu erhalten, angelegt worden waren, so wird der mit ihrer Bewachung betraute Beamte, dessen Unachtsamkeit und Nachlässigkeit dazu beigetragen hat, mit Geldstrafe von fünf zu bis fünfzig türkischen Pfunden bestraft. Haben sich die erbrochenen Siegel auf Schriftstücken und Gegenständen befunden, die ein Verbrechen betreffen, so wird der mit ihrer Bewachung betraute Beamte außer der Geldstrafe je nach der Schwere des Verbrechens, auf das sich die fraglichen Schriftstücke oder Gegenstände beziehen, zu Gefängnis von drei Monaten bis zu einem Jahre bestraft[4].

Art. 123. Wer Siegel erbrochen und abgelöst hat, die sich auf Gegenständen oder Schriftstücken befinden, welche ein Verbrechen betreffen, wird mit Gefängnis von sechs Monaten bis zu einem Jahre bestraft. Ist die Tat von dem mit ihrer Bewachung betrauten Beamten selbst verübt worden, so wird dieser mit Gefängnis von einem Jahr bis zu drei Jahren bestraft[5].

Art. 124. Wer die aus irgend einer anderen Veranlassung an Räumlichkeiten, Gegenstände oder Schriftstücke angelegten Siegel erbrochen und abgelöst hat, wird mit Gefängnis von einer Woche bis

[1] Siehe oben Art. 68 und 71.
[2] Vergl. franz. StrGB. Art. 240.
[3] Vergl. franz. StrGB. Art. 248.
[4] Vergl. franz. StrGB. Art. 249 und 250
[5] Vergl. franz. StrGB. Art. 251.

zu sechs Monaten bestraft. Ist die Tat von dem mit ihrer Bewachung betrauten Beamten selbst verübt worden, so wird dieser mit Gefängnis von sechs Monaten bis zu einem Jahre bstraft[1]).

Art. 125. Ein mittels Erbrechens von Siegeln vorgenommener Diebstahl wird wie ein Diebstahl bestraft, der mittels Erbrechens der Türschlösser eines verschlossenen Raumes bewirkt wird[2]) [3]).

Art. 126. Wenn wichtige staatliche Akten, Urkunden, Register und Rollen, sowie auf gerichtliche Verhandlungen bezügliche Schriftstücke gestohlen oder vernichtet werden, während sie sich in den zu ihrer Aufbewahrung bestimmten Räumlichkeiten oder im Gewahrsam der mit ihrer Bewachung betrauten Personen befinden, so werden die Beamten, deren Unachtsamkeit und Nachlässigkeit dies verschuldet hat, mit Geldstrafe in Höhe des Betrages eines Monatsgehaltes und mit Gefängnis von einer Woche bis zu drei Monaten betraft[4]).

Art. 127. Wer in der im vorhergehenden Artikel bezeichneten Weise Schriftstücke gestohlen oder vernichtet hat, wird mit Gefängnis von sechs Monaten bis zu zwei Jahren bestraft. Ist die Tat von dem mit der Bewachung betrauten Beamten verübt worden, so wird dieser mit Geldstrafe in Höhe des Betrages eines Monatsgehalts und zugleich mit Gefängnis von einem Jahre bis zu drei Jahren bestraft[5]).

Art. 128. Wenn das Verbrechen des Siegelbruchs, des Diebstahls oder der Zerstörung von Akten mit einem gewalttätigen Vorgehen gegen die mit deren Bewachung betrauten Beamten verbunden gewesen ist, so wird auf zeitige Festungshaft erkannt[6]).

Art. 129. Ein Beamter, welcher die der Post oder ähnlichen Beförderungsanstalten anvertrauten Briefe eröffnet oder eröffnen läßt, wird ebenso, wie die Postbeamten, die darum gewußt haben[7]), mit Geldstrafe von einem türkischen Pfund bis zu fünf türkischen Pfunden und außerdem mit Gefängnis von einem Monat bis zu drei Jahren bestraft.

## Zehnter Abschnitt.

### Anmassung amtlicher Eigenschaften.

Art. 130. Wer sich ohne staatliche Ermächtigung ein Zivil- oder Militäramt anmaßt oder mit einem solchen Amte verbundene Funktionen ausübt, wird mit Gefängnis nicht unter drei Monaten bestraft. Hat der Täter dabei gefälschte Urkunden, wie großherrliche Firmane,

---

1) Vergl. franz. StrGB. Art. 252.

2) Wegen der Bestrafung s. unter Art. 220.

3) Vergl. franz. StrGB. Art. 253.

4) Vergl. franz. StrGB. Art. 254.

5) Vergl. franz. StrGB. Art. 255.

6) Vergl. franz. Str.GB. Art. 256.

7) Hierzu treten noch ergänzend die Bestimmungen des Postreglements vom 2. Schaban 1299 (1881) (abgedruckt im Düstur, Anhang 3 S. 27):

Großwesiratserlasse, behördliche Befehle, vorgezeigt oder veröffentlicht, so treffen ihn auch noch die nach dem fünfzehnten Abschnitte auf Urkundenfälschung stehenden Strafen[1]).

*Zusatz: Schreitet jemand in Fällen, in denen er sich sofort an die Regierung zu wenden imstande ist, unter Anwendung von Zwang und Gewalt zur Selbsthilfe, so wird er mit Gefängnis bis zu einem Jahre bestraft.*

*Wenn derjenige, der diese strafbare Handlung begangen hat, das Bestehen seines Rechts beweist, so kann die Strafe um drei Viertel herabgesetzt werden.*

*Wer sich einer unbeweglichen Sache, die ihm durch Urteil abgesprochen und dem Berechtigten übergeben worden ist, wieder bemächtigt, wird mit Gefängnis von einem Monat bis zu einem Jahre bestraft.*

*Wird diese Tat unter Anwendung von Zwang und Gewalt oder Drohungen oder mit bewaffneter Hand und von mehr als einer Person begangen, so erhöht sich die Gefängnisstrafe auf sechs Monate bis zu zwei Jahren.*

Art. 131. Wer einen Orden trägt, ohne daß die Regierung ihm einen solchen verliehen noch die Erlaubnis zum Tragen gegeben hatte, wer ein Amtskleid trägt, das einer höheren Rangstufe als der seinigen zukommt, wer endlich, ohne einen Rang noch ein Amt zu besitzen, Uniform anlegt, wird mit Gefängnis von drei Monaten bis zu einem Jahre bestraft[2]).

## Elfter Abschnitt.

### Störung der Religionsübung und Schändung von Denkmälern.

Art. 132. Wer die staatlicherseits zugelassenen gottesdienstlichen Verrichtungen der verschiedenen Klassen der Untertanen des Reiches stört oder durch Tätlichkeiten oder Drohungen verhindert, wird je nach der Schwere der Tat mit Gefängnis von einer Woche bis zu drei Monaten bestraft[3]).

Art. 133. Wer dem Gemeindewohl dienende und einen öffentlichen Schmuck bildende Gebäude und Denkmäler zerstört oder in einzelnen Teilen beschädigt, wer in den Höfen der Moscheen oder an Orten des Verkehrs, in Straßen oder auf öffentlichen Plätzen befindliche Bäume fällt oder zugrunde richtet, wer endlich Kirchhöfe und

---

**Art. 20. Hat jemand die Briefe eines anderen ohne Ermächtigung des Empfängers vorsätzlich an sich genommen, so wird er bestraft.**

**Art. 26. Die während der Postbeförderung in den Posttaschen beschädigten Briefe, deren Umschlag zerrissen ist oder die sonst geöffnet worden sind, sind bei ihrer Einlieferung in das Postamt sofort auf vier Seiten mit Bindfaden gut zu verschließen und auf dem Knoten mit dem Postsiegel zu versehen, worauf sie den Briefträgern zur Verteilung übergeben werden. Derartige Briefe dürfen unter keinen Umständen geöffnet und gelesen oder verlesen werden.**

[1]) Vergl. franz. StrGB. Art. 258.

[2]) Vergl. franz. StrGB. Art. 259.

[3]) Vergl. franz. StrGB. Art. 260.

Grabstätten schändet[1]), wird zum Ersatz des entstandenen Schadens und außerdem zu Gefängnis von einem Monat bis zu einem Jahre, sowie zu Geldstrafe von einem türkischen Pfund bis zu zehn türkischen Pfunden verurteilt[2]).

## Zwölfter Abschnitt.

### Störung des telegraphischen Verkehrs.

*Art. 134. Wer infolge Nichtbeachtung der ergangenen Verordnungen den Telephon- oder Telegraphendienst oder -betrieb stört oder die dazu gehörigen Apparate in einer den Verkehr unterbrechenden Weise beschädigt, wird mit Geldstrafe von fünf bis zu fünfzig türkischen Pfunden bestraft. Ist erwiesen, daß er dies mit Absicht getan hat, so tritt neben der Geldstrafe noch Gefängnisstrafe von drei Monaten bis zu zwei Jahren ein.*

Alte Fassung: Wer aus Unachtsamkeit den Telegraphendienst oder -betrieb oder die dazu gehörigen Apparate in einer den Verkehr unterbrechenden Weise beschädigt, wird mit Geldstrafe von fünf bis zu fünfzig türkischen Pfunden bestraft. Ist erwiesen, daß er dies mit Absicht getan hat, so tritt neben der Geldstrafe noch Gefängnisstrafe von drei Monaten bis zu zwei Jahren ein.

*Art. 135. Wer durch Zerschneiden der Telephon- oder Telegraphenleitungen, Zerstörung der Isolatoren oder durch ähnliche Handlungen eine Verkehrsunterbrechung verursacht, wird mit Gefängnis von drei Monaten bis zu zwei Jahren und mit Geldstrafe von fünf bis zu fünfzig türkischen Pfunden bestraft.*

Alte Fassung: Wer durch Zerschneiden der Telegraphenleitungen, Zerstörung der Isolatoren oder Telegraphenstangen oder durch ähnliche Handlungen eine Verkehrsunterbrechung verursacht, wird mit Gefängnis von drei Monaten bis zu zwei Jahren und mit Geldstrafe von fünf bis zu fünfzig türkischen Pfunden bestraft.

*Art. 136. Wer zu Zeiten eines Aufruhrs oder von Unruhen im türkischen Reiche eine Telephon- oder Telegraphenleitung oder mehrere derselben zerstört oder auf sonstige Weise betriebsuntauglich macht oder sich ihrer mit Gewalt oder durch andere Mittel bemächtigt, so daß die Verbindung und der Verkehr der Behörden untereinander unterbrochen und Private am Depeschenaustausch oder an Telephongesprächen gehindert werden, oder wer sich (in solchen Zeiten) der Instandsetzung von Telephon- oder Telegraphenleitungen mit Gewalt widersetzt, wird mit Geldstrafe von fünfzig bis zu zweihundert türkischen Pfunden und zugleich mit zeitiger Zwangsarbeit bestraft.*

Alte Fassung: Wer zu Zeiten eines Aufruhrs oder von Unruhen im türkischen Reiche eine Telegraphenleitung oder mehrere solche zerstört oder auf sonstige Weise betriebs-

---

[1]) Der Passus: „wer Kirchhöfe und Grabstätten schändet" ist nachträglich durch Gesetz vom 28. Djemazi-ül-achyr 1311 (1894) hinzugefügt worden.

[2]) Vergl. franz. StrGB. Art. 257.

untauglich macht oder sich ihrer mit Gewalt oder durch andere Mittel bemächtigt, so daß die Verbindung und der Verkehr der Behörden untereinander unterbrochen und Private am Depeschenaustausch gehindert werden, oder wer sich (in solchen Zeiten) der Instandsetzung von Telegraphenleitungen mit Gewalt widersetzt, wird mit Geldstrafe von fünfzig bis zu zweihundert türkischen Pfunden und zugleich mit zeitiger Zwangshaft bestraft.

## Dreizehnter Abschnitt.

### Unbefugte Eröffnung einer Druckerei; Veröffentlichung schadenstiftender Schriften in den mit staatlicher Ermächtigung eröffneten Druckereien; Verstoss gegen die Bestimmungen über den Schulunterricht.

Art. 137. Wer ohne staatliche Ermächtigung eine Druckerei eröffnet und darin Bücher und andere Schriftwerke druckt, wird mit Geldstrafe von fünfzig türkischen Pfunden bestraft; zugleich wird seine Druckereianstalt geschlossen[1]).

Art. 138. Wer in einer mit staatlicher Ermächtigung eröffneten Druckerei Zeitungen, Bücher oder sonstige Schriftwerke druckt und herausgibt, die gegen das Herrscherhaus, die Behörden oder eine der dem Sultanat unterworfenen Nationen gerichtet sind, wird mit Geldstrafe von zehn bis zu fünfzig türkischen Pfunden bestraft; zugleich werden die Druckschriften beschlagnahmt und die Druckereianstalt je nach der Schwere der strafbaren Handlung zeitweilig oder endgültig geschlossen[2]).

Art. 139 Wer gegen die guten Sitten verstoßende Spott- und Schmähschriften in Versen oder in Prosa oder bildliche Darstellungen unzüchtiger Art druckt oder drucken läßt und verbreitet, wird mit Geldstrafe von einem türkischen Pfund bis zu fünf türkischen Pfunden und mit Gefängnis von vierundzwanzig Stunden bis zu einer Woche bestraft[3]).

Art. 140. Wer den Vorschriften über das öffentliche Unterrichtswesen zuwider eine Schule eröffnet, wird mit Geldstrafe von fünf bis zu dreißig türkischen Pfunden bestraft; zugleich wird die Schule geschlossen[4]).

---

[1]) Vergl. Druckereigesetz vom 11. Redjeb 1327 (1909) Art. 3 (s. Anhang II).

[2]) Vergl. ebenda Art. 7; ferner Preßgesetz vom 11. Redjeb 1327 (1909) Art. 16 26, 28 und 30 (s. Anhang I).

[3]) Vergl. Preſsgesetz vom 11. Redjeb 1327 (1909) Art. 20 und 24 (s. Anhang I)

[4]) Vergl. Reglement betr. den öffentlichen Unterricht vom 24. Djemazi-ül-evel 1286 (1869) (abgedruckt im Düstur, Bd. 2 Seite 184 ff.):

Art. 129. Privatschulen sind solche, die von Gemeinden oder Privatpersonen ottomanischer oder fremder Staatsangehörigkeit gegründet werden.

Die Gründung solcher Schulen bedarf der Ermächtigung durch den Statthalter und die Abteilung für Unterrichtswesen in den Provinzen, durch das Unterrichtsministerium in Konstantinopel. Die Ermächtigung wird unter folgenden Bedingungen erteilt:

1. Die Lehrer müssen im Besitze eines Diploms sein, das vom Unterrichts-

Art. 141. Wer den Vorschriften über das öffentliche Unterrichtswesen zuwider ohne Ermächtigung Unterricht erteilt, wird mit Geldstrafe von zwei bis zu zehn türkischen Pfunden bestraft; zugleich wird ihm die Erteilung des Unterrichts verboten[1]).

Art. 142. Wird in einer Schule den Vorschriften über das öffentliche Unterrichtswesen zuwider ein Buch gelehrt, so wird der Direktor der betreffenden Schule oder in Ermanglung eines solchen der Lehrer, der sich dieses Buches bedient, mit Gefängnis von einer Woche bis zu einem Jahre bestraft[2]).

## Vierzehnter Abschnitt.

### Münzverbrechen.

Art. 143. Mit zeitiger Zwangsarbeit nicht unter zehn Jahren wird bestraft. wer die gesetzlich zum Umlauf zugelassenen oder bestimmten Gold- oder Silbergeldstücke nachmacht; wer solche zum Umlauf bestimmte Geldstücke dadurch im Werte verringert, daß er ihnen mit Feilen, Münzscheren, mittels Scheidewasser oder anderer Werkzeuge oder Mittel mehr oder weniger Gold oder Silber entzieht; wer ein Geldstück, um es an die Stelle eines andern von höherem Werte treten zu lassen, mit dessen Vergoldung versieht; wer derartige nachgemachte oder verfälschte Geldstücke innerhalb des türkischen Reiches ausgegeben oder vom Auslande in die Türkei einführen hilft; wer endlich die Verbreitung gefälschten Geldes gewohnheitsmäßig betreibt.

Art. 144. Wer das im türkischen Reiche im Umlaufe befindliche Kupfergeld nachmacht oder derartiges gefälschtes Geld innerhalb des türkischen Reichs ausgeben oder vom Auslande in die Türkei einführen hilft, wird mit zeitiger Zwangsarbeit bestraft[3]).

Art. 145. Wer in der Türkei ausländisches Metallgeld nachmacht, wer mit Hilfe der im Art. 143 aufgeführten Mittel seinen Wert verringert, wer seine Färbung verändert, wer derartiges nachgemachtes

---

ministerium oder von der Ortsabteilung für Unterrichtswesen ausgestellt worden ist.

2. Es dürfen keine Vorlesungen gehalten werden, die gegen die Moral verstoßsen oder gegen die Politik gerichtet sind. Daher müssen die Lehrprogramme und die Unterrichtsbücher vom Unterrichtsministerium oder von der Ortsabteilung für Unterrichtswesen gebilligt worden sein.

Sind diese Bedingungen nicht erfüllt, so wird die Eröffnung der Schule nicht gestattet. Jede unter Umgehung dieser Bedingungen eröffnete Privatschule wird geschlossen.

Art. 130. In den öffentlichen sowohl wie in den Privatschulen ist es strengstens untersagt, Schulkinder wegen ungehörigen Betragens oder wegen Faulheit zu schlagen oder zu beschimpfen. Schüler, die sich straffällig gemacht haben, werden dem Grade ihrer Ungezogenheit oder Faulheit entsprechend gemäſs den besonders dafür erlassenen Vorschriften gezüchtigt. Zuwiderhandelnde trifft Strafe.

[1]) S. Anmerkung zu Art. 140.

[2]) S. Anmerkung zu Art. 140.

[3]) Vergl. franz. StrGB. Art. 133.

oder verfälschtes ausländisches Geld innerhalb der Türkei ausgeben oder vom Auslande in die Türkei einführen hilft oder wer gewohnheitsmäßig seine Verbreitung betreibt, wird mit zeitiger Zwangsarbeit bestraft[1]).

Art. 146. Des Münzverbrechens macht sich nicht schuldig, wer nachgemachte oder verfälschte Geldstücke der in den vorhergehenden Artikeln bezeichneten Arten als echte empfängt und wieder in den Verkehr bringt. Hat er aber die Unechtheit der falschen Geldstücke erkannt gehabt und sie gleichwohl in Verkehr gebracht, so tritt Geldstrafe im Betrage des mindestens dreifachen und höchstens sechsfachen Gegenwertes der in Umlauf gesetzten Münzen ein; die Geldstrafe darf in keinem Falle weniger als ein türkisches Pfund betragen[2])[3]).

Art. 147. Hat jemand, der sich mit andern zusammen der in den Art. 143, 144 und 145 bezeichneten Münzverbrechen schuldig gemacht hat, die Tat und Täter der Behörde angezeigt, bevor das Verbrechen vollendet oder mit der amtlichen Untersuchung begonnen worden war, oder hat er auch noch nach Eröffnung des Untersuchungsverfahrens zur Ergreifung der andern Mitschuldigen beigetragen, so bleibt er straffrei, wird indessen für bestimmte Zeit unter Polizeiaufsicht gestellt[4]).

## Fünfzehnter Abschnitt.

### Fälschungsverbrechen.

Art. 148. Mit zeitiger Zwangsarbeit oder Festungshaft nicht unter zehn Jahren wird betraft, wer behördliche Erlasse fälschlich anfertigt oder fälschlich anfertigen läßt, wer solche Erlasse verfälscht oder verfälschen läßt, wer den Namenszug oder die Unterschrift eines Staatsbeamten fälschlich anfertigt oder anfertigen läßt, wer das Siegel einer Behörde oder eines Staatsbeamten nachmacht oder ein solches falsches Siegel gebraucht, wer die vom Staatsschatz oder von öffentlichen Kassen ausgegebene Anteilscheine, Obligationen, Anweisungen und sonstige Scheine fälschlich anfertigt oder verfälscht, wer derartige falsche Scheine gebraucht oder in die Türkei einführt[5]).

---

[4]) Vergl. franz. StrGB. Art. 134.

[1]) Vergl. franz. StrGB. Art. 135.

[2]) Diese Strafbestimmung ist durch Zirkularerlafs des Justizministeriums vom 7. Kjanun-i-sani 1299 (1884) (abgedruckt in der „Gerichtszeitung" Nr. 242 S. 1937) in folgender Weise ausgedehnt worden:

„Wenn jemand trotz des Verbotes ausländische Silbermünzen in Verkehr zu bringen, solche beim Einwehseln von Geld oder bei sonstigen Handelsgeschäften verausgabt, wird — mit Ausnahme des Falles, wo dies auf ausdrückliches Verlangen des anderen Teiles geschehen ist — gemäfs Art. 146 bestraft."

[3]) Vergl. franz. StrGB. Art. 138.

[1]) Vergl. franz. StrGB. Art. 139.

Art. 149. Wer mit der Kaiserlichen Tughra[1]) versehene staatliche Stempelmarken aller Art fälschlich anfertigt oder verfälscht, wird mit zeitiger Zwangsarbeit oder Festungshaft von nicht mehr als zehn Jahren bestraft[2]).

Wer mit der Kaiserlichen Tughra versehene staatliche Stempelmarken sich auf Umwegen verschafft und davon zum Nachteil des Staates oder Landes Gebrauch macht, wird mit drei Jahren Gefängnis bestraft[3]).

Art. 150. Wer Siegel, Stempel und Marken aller Art, die im Namen des Staates auf Waren und Gegenständen anzubringen oder für eine Behörde, eine staatlich genehmigte Gesellschaft oder ein Handelshaus bestimmt sind, fälschlich anfertigt oder von derartigen falschen Stempeln und Zeichen Gebrauch macht, wird zu drei Jahren Gefängnis und zum Ersatz des durch die Fälschung verursachten Schadens verurteilt.

Wer sich echte Stempelmarken und Zeichen dieser Art auf Umwegen verschafft und davon zum Nachteil des Staates und der Behörden oder einer Handelsgesellschaft oder sonstiger Privatanstalten Gebrauch macht, wird zu Gefängnis von sechs Monaten bis zu einem Jahre und zum Ersatz des hierdurch verursachten Schadens verurteilt[4]) [5]).

---

[1]) S. Anm. zu Art. 16.

[2]) Vergl. hierzu Art. 5 des Stempelgesetzes vom 25. Zihidje 1323 (1906):

„Wer Stempelmarken und Stempeldrucke fälschlich anfertigt oder verfälscht, oder sie fälschlich anfertigen oder verfälschen läfst und wer solche falsche Stempelmarken und Stempelaufdrucke wissentlich verkauft oder verkaufen läfst, wird gemäfs Absatz 1 des Art. 149 StrGB. mit zeitiger Zwangsarbeit oder Festungshaft nicht über zehn Jahren bestraft.

„Wer fälschlich angefertigte oder verfälschte Stempelmarken und Stempelaufdrucke wissentlich gebraucht und wer entwertete Stempelmarken wieder verwendet oder verkauft, wird beim ersten Male mit Geldstrafe von fünf bis zu fünfzig türkischen Pfunden bestraft. Im Wiederholungsfalle tritt Gefängnisstrafe von einer Woche bis zu einem Monat und Geldstrafe zum doppelten Betrage ein."

[3]) Vergl. franz. StrGB. Art. 140.

[4]) Vergl. franz. StrGB. Art. 142.

[5]) Hierzu treten ergänzend folgende Bestimmungen des Markenschutzgesetzes vom 29. Schaban 1305 (1888):

Art. 14. Mit Geldstrafe von zwei bis zu fünfzig türk. Pfunden oder Gefängnis von einem Monat bis zu sechs Monaten oder mit beiden Strafen gleichzeitig je nach der Schwere der strafbaren Handlung wird bestraft:

1. Wer die gemäfs diesem Reglement deponierten Warenzeichen fälschlich anfertigt oder von gefälschten Warenzeichen Gebrauch macht.
2. Wer die einem anderen gehörigen Warenzeichen in betrügerischer Absicht auf seinen eigenen Fabrikaten oder Handelswaren anbringt.
3. Wer eine oder mehrere Warengattungen oder Fabrikate, die mit nachgeahmten Warenzeichen versehen sind oder in betrügerischer Absicht angebrachte Zeichen anderer aufweisen, verkauft oder in den Handel bringt.

Art. 15. Mit Geldstrafe von zwei bis dreifsig türk. Pfunden oder Gefängnis von einer Woche bis zu zwei Monaten oder beiden Strafen gleichzeitig werden bestraft:

Art. 151. Hat jemand, der sich mit andern zusammen der in den vorhergehenden Artikeln aufgeführten Fälschungsverbrechen schuldig gemacht hat, die Tat und die Täter der Behörde angezeigt, bevor die strafbare Handlung vollendet oder mit der amtlichen Untersuchung begonnen worden ist, oder hat er auch noch nach der Eröffnung des Untersuchungsverfahrens zur Ergreifung der andern Mitschuldigen beigetragen, so bleibt er straffrei, wird indessen für bestimmte Zeit unter Polizeiaufsicht gestellt[1]).

Art. 152. Ein Beamter, welcher bei der Ausübung seiner Amtstätigkeit eine Fälschung begeht, indem er bei fertiggestellten Urteilen, Protokollen oder andern Urkunden, in Büchern, Rollen und Registern Einschaltungen vornimmt oder den Text, das Siegel oder die Unterschrift ändert oder den Namen eines andern hinsetzt, wird mit zeitiger Zwangsarbeit oder Festungshaft nicht unter zehn Jahren bestraft.

Ist der Täter nicht Beamter, so tritt zeitige Zwangsarbeit oder Festungshaft nicht über sieben Jahre ein[2]).

Art. 153. Ein bei Ausschüssen, Gerichten oder einem sonstigen Verwaltungszweig beschäftigter Beamter, welcher bei der im Interesse der Privatparteien kraft seines Amtes vorzunehmenden Abfassung von amtlichen Schriftstücken und Akten aller Art eine Fälschung begeht, indem er in betrügerischer Absicht die Hauptfrage oder damit zusammenhängende Nebenumstände dadurch entstellt, daß er entweder das Vorbringen oder die Aussagen der Interessenten in anderer Weise niederschreibt oder eine unwahre Tatsache als wahr hinstellt oder ein Geständnis als vorliegend bezeichnet, obwohl ein solches nicht erfolgt ist, wird mit zeitiger Zwangsarbeit oder Festungshaft nicht unter zehn Jahren bestraft[3]).

Art. 154. Wer von den in den beiden vorhergehenden Artikeln bezeichneten gefälschten Aktenstücken wissentlich Gebrauch macht, wird mit zeitiger Zwangsarbeit oder Festungshaft von nicht mehr als sieben Jahren bestraft[4]).

Art. 155. Mit Gefängnis von einem Jahre bis zu drei Jahren wird bestraft, wer eine Fälschung in der erwähnten Weise in einer

---

1. Wer in betrügerischer Absicht die Zeichnung eines Warenzeichens abändert und ein solches verfälschtes Warenzeichen gebraucht.
2. Wer, um den Käufer über die Qualität der Waren zu täuschen, das für eine Warengattung bestimmte Warenzeichen auf einer anderen Gattung anbringt.
3. Wer die mit derartigen Warenzeichen versehenen Waren wissentlich verkauft oder in den Handel bringt.

Art. 18. Für Rückfällige wird die Strafe im Höchstfalle verdoppelt. Als rückfällig gilt, wer binnen fünf Jahren, vom Datum seiner Verurteilung wegen eines der genannten Vergehen angerechnet, ein zweites derartiges Vergehen begeht.

[1]) Vergl. franz. StrGB. Art. 144.

[2]) Vergl. franz. StrGB. Art. 145.

[3]) Vergl. franz. StrGB. Art. 146.

[4]) Vergl. franz. StrGB. Art. 148.

Privaturkunde begeht oder ein solches gefälschtes Schriftstück wissentlich gebraucht[1] [2].

*Zusatz: Wenn jemand die den Zollbehörden vorschriftsmäßig vorzulegenden Fakturen, Deklarationen und ähnliche Schriftstücke in einer der Wahrheit nicht entsprechenden Weise aufsetzt oder die Originalurkunde fälscht und abändert oder fälschen und abändern läßt, oder derartige der Wahrheit nicht entsprechende oder gefälschte Urkunden wissentlich vorlegt oder gebraucht oder dies tun läßt, so wird er mit Gefängnis von einer Woche bis zu einem Jahre oder mit Geldstrafe von fünf bis zu hundert türkischen Pfunden oder mit beiden Strafen gleichzeitig bestraft.*

Art. 156. Mit Gefängnis von sechs Monaten bis zu zwei Jahren wird bestraft, wer sich einen Passierschein oder Inlands-[3]) oder Auslandspaß unter einem falschen Namen ausstellen läßt oder wer zum Zwecke der Erlangung eines solchen falschen Scheines Bürgschaft geleistet hat[4].

Zusatz[5]: Wer einen für einen andern erteilten Passierschein oder Inlandspaß[3] ohne eine Abänderung oder Fälschung davon vorzunehmen, lediglich unter dem Namen des andern gebraucht oder wer einem andern einen solchen Paß gibt, obwohl er weiß, daß dieser ihn unter einem falschen Namen gebrauchen will, wird mit Gefängnis von einer Woche bis zu einem Monat bestraft. Werden solche Handlungen mit einem Auslandspaß vorgenommen, so tritt Gefängnisstrafe von sechs Monaten bis zu zwei Jahren ein.

Art. 157. Mit Gefängnis von einem Jahr bis zu drei Jahren wird bestraft, wer einen Passierschein, einen Inlands-[6]) oder Auslandspaß, einen Staatsangehörigkeitsausweis fälschlich anfertigt oder verfälscht oder von solchen gefälschten Papieren Gebrauch macht[7] [8].

---

[1]) Vergl. franz. StrGB. Art. 150 und 151.

[2]) Es genügt die Anfertigung des Schriftstückes zur Verwirklichung des strafbaren Tatbestandes. Nachahmung der Schrift und des Siegels ist nicht erforderlich (Entscheidung des Kassationshofes vom 7. Muharrem 1302 [1885] abgedruckt in der „Gerichtszeitung" Nr. 27). Nicht nötig ist ferner die schädigende Absicht (im Gegensatz zur Veruntreuung, Art. 234 ff.) (Entscheidung des Kassationshofes vom 27. Mart 1327 [1911]).

[3]) Siehe hierzu Anm. 3 zu Art. 159.

[4]) Vergl. franz. StrGB. Art. 154 Satz 1.

[5]) Beruht auf Gesetz vom 25. Sefer 1325 (1907).

[6]) Wegen der Inlandspässe s. Anm. 3 zu Art. 159.

[7]) Dies die durch Gesetz vom 7. Djemazi-ül-achyr 1310 (1892) abgeänderte Fassung. In der ursprünglichen Fassung war nur von Pässen, nicht auch von Staatsangehörigkeitsausweisen die Rede.

[8]) Vergl. hierzu Art. 14 des Paſsgesetzes vom 6. Djemazi-ül-achyr 1329 (1911):

> „Wer in einen Paſs einen falschen Namen aufnimmt oder aufnehmen läſst, wer einen falschen Paſs anfertigt oder einen Paſs verfälscht oder wer einen derartigen fälschlich angefertigten oder verfälschten oder einen fremden Paſs wissentlich gebraucht oder wer Bürgschaft für den leistet, der seine Personalien falsch angibt, wird nach den besonderen Bestimmungen des StrGB. bestraft."

Art. 158. Herbergsbesitzer, Kaffeewirte, Zimmervermieter, Gasthofsbesitzer und Inhaber von andern ähnlichen Absteigquartieren, die ihre Gäste wissentlich unter einem falschen Namen in das Fremdenbuch eintragen lassen, werden mit Gefängnis von einem Monat bis zu drei Monaten bestraft[1]).

Art. 159. Beamte, welche einen Inlandspaß ausstellen, ohne die gesetzlich vorgeschriebenen Garantien zu fordern, werden ihres Amtes entsetzt und mit Gefängnis von sechs Monaten bis zu einem Jahre bestraft. Haben solche Beamten die Pässe wissentlich auf einen falschen Namen ausgestellt, so beträgt die Gefängnisstrafe sechs Monate bis zu zwei Jahren[2])[3]).

Art. 160. Wer, um sich oder einen andern einer staatlichen Dienstpflicht zu entziehen, ein Krankheitsattest unter dem Namen eines Arztes oder Chirurgen fälschlich anfertigt, wird mit Gefängnis von einem Jahre bis zu drei Jahren bestraft[4]).

Art. 161. Ein Arzt oder Chirurg, welcher einer Person auf ihr Bitten oder aus Gefälligkeit, um sie einer staatlichen Dienstpflicht zu entziehen, über in Wirklichkeit nicht vorhandene Krankheiten oder körperliche Gebrechen ein Zeugnis ausstellt, wird mit Gefängnis von einem Jahre bis zu drei Jahren bestraft. Ist er zu der Falschbeurkundung durch Geld oder Geschenke bestimmt worden, so finden auf ihn sowohl wie auf die Geldgeber die für Bestechung geltenden Strafen Anwendung[5]).

Art. 162. Wer von einem verfälschten oder fälschlich angefertigten Gegenstande ohne Kenntnis der Fälschung Gebrauch macht, bleibt straffrei[6]).

## Sechzehnter Abschnitt.

### Brandstiftung.

Art. 163. Wer in einer Stadt, einem Flecken oder Dorfe gelegene bewohnte oder unbewohnte Gebäude aller Art oder Schiffe vorsätzlich in Brand steckt, wird, sei es, daß die Gebäude oder Schiffe fremdes Eigentum sind, sei es, daß sie zwar ihm zu eigen gehören, das Feuer sich aber von ihnen auf fremde Gebäude oder Schiffe verbreitet hat, mit dem Tode bestraft, falls der Brand den Tod eines

---

1) Vergl. franz. StrGB. Art. 154 Satz 2; siehe auch Anm. zu Art. 99 Zusatz III.

2) Vergl. franz. StrGB. Art. 155.

3) Da nach Art. 8 des Budgetgesetzes vom 25. Djemazi-ül-achyr 1327 (1910) die Inlandspässe in der Türkei aufgehoben worden sind, ist die Bestimmung des obigen Artikels, ebenso wie die darauf bezüglichen der Art. 156 und 157, absolet geworden.

4) Vergl. franz. StrGB. Art. 159.

5) Vergl. franz. StrGB. Art. 160.

6) Vergl. franz. StrGB. Art. 163.

Menschen verursacht hat; andernfalls tritt die Strafe der lebenslänglichen Zwangsarbeit ein[1]).

Art. 164. Wer außerhalb einer Stadt, eines Fleckens oder Dorfes gelegene, für Menschen bestimmte und bewohnbare, benutzte oder unbenutzte Gebäude, Gebüsche, Wälder oder stehende Ernten vorsätzlich in Brand steckt, wird, wenn diese Gegenstände fremdes Eigentum sind, mit lebenslänglicher Zwangsarbeit, und wenn sie zwar ihm zu eigen gehören, das Feuer aber durch Weiterverbreitung fremdes Eigentum ergriffen hat, mit zeitiger Zwangsarbeit bestraft.

Verurteilung zu zeitiger Zwangsarbeit tritt ein für denjenigen, der es unternimmt, innerhalb oder außerhalb einer Stadt gelegene Gebäude aller Art vorsätzlich in Brand zu stecken, die Tat aber nicht zur Ausführung gebracht hat[2]).

Art. 165. Wer zugeschnittenes Nutz- und Bauholz oder Ernten nach dem Schnitt vorsätzlich in Brand steckt, wird mit zeitiger Zwangsarbeit bestraft, falls diese Gegenstände ihm nicht gehören. Gehören sie ihm zu eigen, hat er aber durch vorsätzliche Brandstiftung einem andern Schaden zugefügt, so tritt Verurteilung zu zeitiger Festungshaft ein.

Art. 166. In jedem Falle ist auf Todesstrafe zu erkennen, wenn der Brand den Tod eines oder mehrerer bei Ausbruch des Feuers auf der Brandstätte befindlichen Menschen verursacht hat.

*Zusatz: Wenn jemand ohne Erlaubnis der zuständigen Behörde im türkischen Reiche Pulver oder andere Explosivstoffe oder verbotene Waffen oder für diese bestimmte Patronen anfertigt oder solche Gegenstände vom Auslande in die Türkei einführt oder einschmuggelt oder innerhalb des türkischen Reiches geschmuggeltes Pulver sowie geschmuggelte andere Explosivstoffe, verbotene Waffen und dafür bestimmte Patronen von einem Orte zum andern schafft, so werden diese Gegenstände eingezogen und die Täter mit Gefängnis von zwei Monaten bis zu zwei Jahren und zugleich mit Geldstrafe von fünf bis zu fünfzig türkischen Pfunden bestraft.*

---

[1]) Dies ist die durch Gesetz vom 22. Redjeb 1307 (1880) abgeänderte Fassung. Die ursprüngliche Fassung lautete:

„Wer in einer Stadt, einem Flecken oder Dorfe bewohnte oder unbewohnte Gebäude jeder Art oder aufserhalb gelegene, für Menschen bestimmte, bewohnbare und benutzte Bauten oder Schiffe, mögen sie ihm zu eigen gehören oder nicht, vorsätzlich in Brand steckt, wird mit dem Tode bestraft."

[2]) Dies ist die durch Gesetz vom 22. Redjab 1307 (1890) zum dritten Male abgeänderte Fassung. Die erste Fassung lautete:

„Wer, aufserhalb einer Stadt, eines Fleckens oder Dorfes, für Menschen bestimmte oder bewohnbare und unbenutzte Gebäude, Schiffe, Gebüsche, Wälder oder stehende Ernten vorsätzlich in Brand steckt, wird, wenn sie ihm nicht gehören, mit lebenslänglicher Zwangsarbeit und, wenn sie ihm zwar gehören, das Feuer aber durch Weiterverbreitung fremdes Eigentum ergriffen hat, mit zeitiger Zwangsarbeit bestraft."

Bei der zweiten durch Gesetz vom 1. Ramazan 1291 (1874) abgeänderten Fassung war hinter den Worten „mit lebenslänglicher Zwangsarbeit" eingefügt „oder mit zeitiger Zwangsarbeit nicht unter fünfzehn Jahren".

*Wer dergleichen verbotene Patronen, Waffen, Pulver oder Explosivstoffe bei sich führt oder verkauft, wird gleichfalls mit Gefängnis von einem Monat bis zu sechs Monaten und Geldstrafe von einem türkischen Pfund bis zu zehn türkischen Pfunden bestraft*[1]*).*

*Zu den verbotenen Waffen im Sinne des Gesetzes gehören im allgemeinen Waffen für Zivilbehörden und Militärpersonen sowie Revolver, deren Lauf länger als fünfzehn Zentimeter ist.*

Alte Fasssung: Zusatz I[2]): Findet sich Pulver zum Verkauf an einem Orte vor, wo der Verkauf unzulässig ist, so wird es beschlagnahmt und der Eigentümer oder Hehler mit dreijähriger Zwangsarbeit bestraft.

Ist ein Brand ausgebrochen und durch Entzündung des an einem unzulässigen Orte befindlichen Pulvers ein Schaden verursacht worden, so wird der Eigentümer je nach der Größe des Schadens mit Zwangsarbeit von drei bis zu fünf Jahren und, falls zugleich der Tod eines Menschen verursacht worden ist, mit Zwangsarbeit von zehn bis zu fünfzehn Jahren bestraft.

Zusatz II[3]): Mit dreijähriger Zwangsarbeit wird bestraft, wer den bestehenden Vorschriften zuwider Pulver oder Patronen herstellt oder einschmuggelt, ebenso wer an dergleichen Handlungen teilnimmt[4]).

Art. 167. Wer einen andern unter Anwendung von Gewalt oder Zwang veranlaßt, Häuser oder bewegliche und unbewegliche Güter jeder Art in Brand zu stecken, wird mit Zwangsarbeit bestraft.

---

1) Siehe auch Anm. zu Art. 99 Zusatz III.

2) Beruht auf Gesetz vom 23. Rebi-ül-achyr 1281 (1864).

3) Beruht auf Gesetz vom 5. Schaban 1321 (1903).

4) Vergl. hierzu Pulverreglement vom 8. Muharrem 1293 (1876) (abgedruckt im Düstur, Bd. 3 S. 477 ff.):

Art. 1. Innerhalb der Türkei dürfen Privatpersonen weder Schiefspulver noch Dynamit noch andere Explosivstoffe fabrizieren. Ebenso ist die Einfuhr solcher Materien aus dem Auslande strengstens untersagt. Sprengpulver, das für Eisenbahnbauarbeiten, Minen, Kais, Häfen, Kalkwerke und Brunnengrabungen erforderlich ist, wird ebenso wie Jagdpulver für Reisende, Jäger und Schützen vom Fiskus verkauft und ausschliefslich in der Kaiserlichen Pulverfabrik hergestellt.

Art. 15. Ist festgestellt, dafs Pulver und andere Explosivstoffe in andern Kaufläden verkauft werden, als den staatlicherseits autorisierten, und haben die Behörden solche Materien bei ihrer Einfuhr aus dem Auslande oder bei ihrem Transporte innerhalb des Reichs oder im Augenblicke ihrer Herstellung beschlagnahmt, so werden sie gemäfs dem vorliegenden Reglement ohne Entschädigung eingezogen, aufserdem tritt Bestrafung mit Geldstrafe in Höhe ihres doppelten Wertes ein. Die Magazine solcher Fabrikanten sind zu durchsuchen und die darin vorgefundenen Werkzeuge zu konfiszieren. Die Fabrikseigentümer und Pulverfabrikanten werden gemäfs Art. 166 des StrGB. bestraft.

Art. 16. Pulver, Zündschnüre, Dynamit, Salpeter und alle sonstigen Explosivstoffe, die von der zuständigen Behörde beschlagnahmt und eingezogen worden sind, werden mit einer Geldstrafe in doppelter Höhe des vom Fiskus festgesetzten Preises belegt.

Art. 18. Werden Schmuggler, Verkäufer von geschmuggeltem Pulver oder andern derartigen Explosivstoffen und Fabrikanten solcher Materien, die schon einmal bestraft worden sind, von neuem bei einer solchen Tat ergriffen, so trifft sie die doppelte Strafe; im Wiederholungsfalle ist die Bestrafung noch schwerer.

# Zweiter Teil.

# Von den Verbrechen und Vergehen gegen den Einzelnen und deren Bestrafung.

## Erster Abschnitt.

### Tötung; Körperverletzung; Misshandlung und Drohung.

Art. 168. Tötung liegt vor, wenn jemand einen Menschen mittels Waffen oder Gift oder auf sonstige Weise umbringt[1]).

Art. 169. Tötung mit Vorbedacht liegt vor, wenn die Tat vor der Begehung überlegt und beschlossen worden ist[2]).

*Art. 170. Mit dem Tode wird bestraft, wer einen Menschen mit Vorbedacht tötet oder wer seinen Vater, seine Mutter, seinen Großvater, seine Großmutter oder sonst einen seiner Verwandten aufsteigender Linie, wenn auch ohne Vorbedacht, vorsätzlich tötet.*

Alte Fassung: Ist erwiesen, daß jemand einen Menschen mit Vorbedacht getötet hat, so wird er nach dem Gesetze mit dem Tode bestraft.

Art. 171. In Anbetracht dessen, daß Individualrechte durch gesetzliche Bestimmungen nicht beseitigt werden können, sind privatrechtliche Klagen etwaiger Erben des Ermordeten auf ihr Verlangen den Scheriatgerichten zu überweisen[3]).

---

[1]) Vergl. franz. StrGB. Art. 295.

[2]) Vergl. franz. StrGB. Art. 297.

[3]) Unter „Individualrecht" versteht der Code Pénal Ottoman (vergl. auch Art. 1, 171, 180—183, 192 und 206) das nach den Grundsätzen des Scheriats aus der Idee der Privatrache hergeleitete, bei den Delikten der Tötung und Körperverletzung eintretende Recht des Betroffenen (des Verletzten bzw. bei Tötung seiner Erben), die Anwendung der Strafen des Talion oder des Wergeldes dem Täter gegenüber zu verlangen. Wie in der Einleitung des näheren ausgeführt, ist dieses Recht auch nach der Rezeption des französischen Strafrechts in Kraft geblieben.

Die Verurteilung zum Talion (türkisch: kissas) berechtigt entweder zur Tötung des Täters (bei dem scheriatrechtlichen Delikt der Tötung mit Absicht und mittels eines scharfen Werkzeuges) oder zur Beibringung einer gleichartigen Verletzung (bei Verstümmelungen und Verwundungen). In letzterer Beziehung wird indessen heute das Wiedervergeltungsrecht in praxi nicht mehr ausgeübt. Der Verletzte, dem dieses Recht zugesprochen worden ist, wird durch besonderen großherrlichen Befehl jedesmal veranlaßt, dafür das Wergeld zu nehmen.

Die Strafe des Wergeldes (türkisch: dijet) besteht darin, daß der Täter (oder seine Sippe) an den Betroffenen eine bestimmte Geldsumme, deren Höhe nach der Art des Verbrechens und der Schwere der Verletzung genau abgestuft ist, zu zahlen hat, z. B. bei Tötung, Verstümmelung eines Gliederpaares usw. 10000 Drachmen (oder dafür 100 Kamele), bei Verlust eines Fingers $^1/_{10}$ dieser Summe, bei Abtreibung einer Leibesfrucht 500 Drachmen.

Art. 172. Wird ein zum Talion[1]) oder zur Todesstrafe verurteilter Mörder begnadigt, so tritt die Strafe der lebenslänglichen oder zeitigen Zwangsarbeit nicht unter fünfzehn Jahren ein.

Art. 173. Von früher her als solche bekannte Gewohnheitsverbrecher, die zwecks Verübung eines schweren Verbrechens Torturen angewandt oder sonstige Grausamkeiten schlimmer Art begangen haben, werden wie Mörder mit dem Tode bestraft, falls erwiesenermaßen ein Wiederholungsfall vorliegt.

*Art. 174. Wer ohne Vorbedacht einen Menschen vorsätzlich tötet, wird mit fünfzehn Jahren Zwangsarbeit bestraft.*

*Ist die Tötung jedoch: 1. an einem Parlamentsmitgliede oder Staatsbeamten bei der Ausübung seiner Amtspflichten oder wegen der Erfüllung derselben; 2. unter Anwendung von Quälereien und Grausamkeiten oder an mehr als einer Person begangen worden, so wird der Täter mit lebenslänglicher Zwangsarbeit bestraft.*

*Mit dem Tode wird bestraft, wer eine Tötung begeht, um eine strafbare Handlung vorzubereiten oder zu erleichtern oder auszuführen oder um die Flucht oder Straflosigkeit des Haupttäters oder der Teilnehmer an einer solchen strafbaren Handlung zu sichern.*

*Ist infolge von Schlägen, die ohne Tötungsabsicht vorsätzlich beigebracht worden sind, oder infolge einer strafbaren Handlung, die mittels an sich zur Tötung nicht geeigneter Werkzeuge begangen worden ist, der davon Betroffene gestorben, so tritt zeitige Zwangsarbeit nicht unter fünf Jahren ein.*

Alte Fassung: Wer ohne Vorbedacht einen Menschen tötet, wird mit fünfzehn Jahren Zwangsarbeit bestraft Ist die Tötung jedoch der Ausführung eines andern Verbrechens vorhergegangen oder nachgefolgt oder gleichzeitig mit ihr geschehen oder ist sie zum Zwecke der Ausführung eines andern Verbrechens erfolgt, so tritt Todesstrafe ein.

*Art. 175. Ist der Tod durch das Zusammenwirken mit, dem Täter unbekannten früheren Ursachen oder durch das Hinzutreten einer mit der Tat in gar keinem Zusammenhange stehenden Ursache eingetreten, so wird*

---

Das Recht auf Talion oder auf Wergeld ist ein höchstpersönliches Recht. Die Bestrafung tritt nur auf Antrag ein, auch befindet nicht das ordentliche Strafgericht, sondern das geistliche (Scheriat-) Gericht darüber. Der Kläger kann auf die Bestrafung ganz oder teilweise verzichten.

In der Praxis spielen sich derartige Prozesse in der Regel folgendermaſsen ab: Zunächst findet, auf die Erhebung der öffentlichen Klage durch den Staatsanwalt hin, das ordentliche Strafverfahren vor dem weltlichen Strafgericht auf Grundlage des Code pénal statt. Nach der Urteilsfällung gibt das Gericht die Akten an den geistlichen Richter ab, der, falls der Betroffene sich dem Verfahren anschlieſst und auf Geltendmachung der ihm nach dem Scheriat zustehenden „Individualrechte" besteht, die Sache von neuem prüft und entscheidet, und zwar nach den scheriatrechtlichen Beweisgrundsätzen, ohne die vorhergegangene Entscheidung des weltlichen Gerichts irgendwie in Berücksichtigung zu ziehen.

Näheres über diese Fragen s. bei A. Heidborn, Droit Public et Administratif de l'Empire Ottoman, Bd. 2 S. 380 ff.

[1]) Siehe Anmerkung zu Art. 171.

*an Stelle der Todesstrafe auf Zwangsarbeit nicht unter fünfzehn Jahren, an Stelle von lebenslänglicher oder fünfzehnjähriger Zwangsarbeit auf solche von nicht unter zehn Jahren erkannt.*

Alte Fassung: Wer bei einem Mord Beihilfe leistet, wird mit zeitiger Zwangsarbeit bestraft[1]).

Art. 176. Wer den Leichnam eines Getöteten verbirgt oder wer einen solchen begräbt, ohne der Behörde Anzeige zu erstatten und eine Untersuchung abzuwarten, wird mit Gefängnis von einem Monat bis zu einem Jahre bestraft; zugleich tritt Geldstrafe von einem türkischen Pfund bis zu fünf türkischen Pfunden ein, unbeschadet der Bestrafung, die er als etwaiger Mittäter verwirkt hat.

*Art. 177. Wer einen andern vorsätzlich derartig schlägt oder körperlich verletzt oder in sonstiger Weise mißhandelt, daß dadurch die Amputation, der Bruch oder die Gebrauchsunfähigkeit eines Körpergliedes verursacht oder sonst dauernde Gebrechlichkeit herbeigeführt wird, hat die Kosten der ärztlichen Behandlung zu tragen und wird außerdem zu zeitiger Zwangsarbeit verurteilt. Hat er die Tat mit Vorbedacht begangen, so ist auf Zwangsarbeit nicht unter sechs Jahren zu erkennen.*

Alte Fassung: Wer einen andern so schlägt oder körperlich verletzt, daß dadurch die Amputation oder die Gebrauchsunfähigkeit eines Körpergliedes[2]) herbeigeführt wird, wird zur Zahlung der Kosten der ärztlichen Behandlung und des Wergeldes[3]) und außerdem zu drei Jahren Zwangsarbeit verurteilt. Ist erwiesen, daß er die Tat vorher mit Ueberlegung beschlossen hatte, so wird die Zwangsarbeit bis auf zehn Jahre verlängert.

Zusatz[4]): Wer einen andern ohne Tötungsvorsatz so schlägt, daß dieser infolge der erlittenen Schläge stirbt, wird mit zeitiger Zwangsarbeit nicht unter fünf Jahren bestraft.

*Art. 178. Wer einen andern derartig körperlich verletzt oder schlägt, oder sonst mißhandelt, daß dieser dadurch für mehr als zwanzig Tage arbeitsunfähig wird oder erkrankt, wird mit Gefängnis von drei Monaten bis zu zwei Jahren bestraft und zugleich zur Erlegung einer Buße an den Verletzten oder Geschlagenen verurteilt, die außer den ärztlichen Behandlungskosten den Betrag dessen umfaßt, was dieser in gesundem Zustande aus dem Betrieb seines Handelsgewerbes oder an Lohn verdienen würde.*

*Hat er die Tat erwiesenermaßen mit Vorbedacht begangen, so tritt Gefängnisstrafe nicht unter einem Jahre ein.*

---

[1]) Diese Bestimmung ist infolge der neuen Fassung des Art. 45 überflüssig geworden und daher beseitigt worden.

[2]) Ein Zahn gilt nicht als Körperglied im Sinne dieser Gesetzbestimmung (Großwesiratserlaß vom 26. Ejlul 1286 (1870).

Als Gebrauchsunfähigkeit eines Körpergliedes wird nicht angesehen, wenn ein Ohr teilweise abgeschnitten worden ist und dadurch das Gehör gelitten hat. (Entscheidung des Kassationshofs vom 7. maïs 1308 [1892], abgedruckt in der „Gerichtszeitung“ Nr. 649 S. 9512).

[3]) S. Anm. zu Art. 171.

[4]) Geschaffen durch Gesetz vom 27. Rebi-ül-achyr 1292 (1875).

Alte Fassung: Wer einen andern derartig körperlich verletzt oder schlägt, daß dieser dadurch für mehr als zwanzig Tage arbeitsunfähig wird oder erkrankt, wird mit Gefängnis von zwei Monaten bis zu zwei Jahren bestraft und zugleich zur Erlegung einer Buße an den Verletzten oder Geschlagenen verurteilt, die außer den ärztlichen Behandlungskosten den Betrag dessen umfaßt, was dieser in gesundem Zustande aus dem Betrieb seines Handelsgewerbes oder an Lohn verdienen würde. Hat er die Tat erwiesener maßen mit Vorbedacht begangen, so wird die Gefängnisstrafe auf drei Monate bis drei Jahre verlängert.

*Art. 179. Hat die Körperverletzung oder Mißhandlung nicht den im vorhergehenden Artikel bezeichneten Grad der Schwere erreicht, so wird auf Gefängnis von einer Woche bis zu einem Jahre und auf Geldstrafe von einem türkischen Pfund bis zu zehn türkischen Pfunden oder nur auf eine dieser beiden Strafen erkannt. Ist erwiesen, daß die Tat mit Vorbedacht begangen worden ist, so wird die Gefängnisstrafe auf einen Monat bis zu zwei Jahren verlängert.*

*Wer ohne Tötungsvorsatz und nur, um zu drohen, die Waffe gegen einen andern gebraucht hat, wird ebenfalls mit Gefängnis von einer Woche bis zu sechs Monaten bestraft.*

*Wer seinen Vater, seine Mutter, seinen Großvater, seine Großmutter oder sonst einen Verwandten aufsteigender Linie schlägt oder körperlich verletzt, wird in folgender Weise bestraft:*

*Hat die Mißhandlung oder Verletzung keine Unwohlseins- oder Krankheitserscheinungen hinterlassen, so tritt Gefängnisstrafe von fünfzehn Tagen bis zu zwei Jahren, und falls eine Krankheit der im Art. 178 bezeichneten Natur die Folge gewesen ist, eine Gefängnisstrafe nicht unter vier Monaten ein.*

*Hat die Mißhandlung oder Verletzung eine der im Art. 177 aufgeführten Folgen gehabt, so wird auf Gefängnis nicht unter fünf Jahren, und falls die Tat mit Vorbedacht begangen worden ist, auf Gefängnis nicht unter zehn Jahren erkannt.*

*Ist der Gemißhandelte oder Verletzte infolge der Schläge oder infolge einer Verletzung, die mittels an sich zur Tötung nicht geeigneter Werkzeuge herbeigeführt worden ist, gestorben, so wird auf Zwangsarbeit nicht unter zehn Jahren, und falls die Mißhandlung oder Verletzung mittels Werkzeugen der genannten Art mit Vorbedacht erfolgt ist, auf fünfzehnjährige Zwangsarbeit erkannt.*

*Zusatz: Hat eine Tat der in diesem Artikel bezeichneten Art keine über zehn Tage andauernde Krankheit zur Folge gehabt, so ist die Strafverfolgung von der Stellung eines Strafantrages abhängig. Bei Prozessen zwischen Verwandten wegen Mißhandlungen oder Verletzungen solcher Art bewirkt der Verzicht auf die Klage auch nach Stellung des Strafantrages die Einstellung der öffentlichen Rechtsverfolgung.*

Alte Fassung: Hat die Verletzung oder Mißhandlung nicht den im vorhergehenden Artikel bezeichneten Grad der Schwere erreicht, so wird auf Gefängnis von einer

Woche bis zu einem Jahre oder auf Erlegung einer Buße an den Verletzten in Höhe von einem türkischen Pfund bis zu fünf türkischen Pfunden oder gleichzeitig auf beides erkannt. Ist erwiesen, daß die Tat mit Vorbedacht begangen worden ist, so tritt Verurteilung zur Erlegung einer Buße in Höhe des erwähnten Betrages und zugleich zu Gefängnisstrafe von einem Monat bis zu zwei Jahren ein.

Zusatz[1]): Wer ohne Tötungsvorsatz und nur um zu drohen, gegen einen anderen die Waffen gebraucht hat, wird mit Gefängnis von einer Woche bis zu sechs Monaten bestraft.

*Art. 180. Ist während eines Streites, bei dem mehrere beteiligt sind, ein Mord oder eine Körperverletzung, die zur Gebrauchsunfähigkeit eines Körpergliedes oder zum Tode geführt hat, oder endlich eine einfache Mißhandlung oder Körperverletzung begangen worden, so wird, falls der Täter nicht festzustellen ist, jeder der Teilnehmer zu der für die Straftat gesetzlich bestimmten Strafe unter Herabsetzung derselben um ein Drittel bis zur Hälfte verurteilt. Ist auf die Tat Todesstrafe oder lebenslängliche Zwangsarbeit gesetzt, so wird auf Zwangsarbeit nicht unter zehn Jahren erkannt.*

Alte Fassung: Bezweckte die Körperverletzung oder Mißhandlung, den Tod herbeizuführen, wurde aber die Tat infolge des Eintretens von außerhalb des Willens des Täters liegenden Hinderungsgründen nicht vollendet, so wird der Täter ohne Rücksicht darauf, ob die Wunde schwer oder leicht ist, zur Zahlung des je nach der Schwere der Verwundung festzusetzenden Wergeldes[2]) oder der Entschädigung in der bekannten Höhe nebst den Kosten der ärztlichen Behandlung verurteilt. Zugleich wird er in jedem Falle mit zeitiger Zwangsarbeit bestraft.

Zusatz[3]): Hat jemand von den Waffen ausschließlich in der Absicht, einen anderen zu töten, Gebrauch gemacht, ist aber die Tat infolge des Eintretens von außerhalb des Willens des Täters liegenden Hinderungsgründen nicht vollendet worden, so tritt gleichfalls Verurteilung zu zeitiger Zwangsarbeit ein[4]).

Art. 181. Sind die Straftaten der Tötung, Körperverletzung oder Mißhandlung im Zusammenhange mit Aufruhr und Plünderung ausgeführt worden, so werden nicht nur die eigentlichen Täter, sondern auch die Aufruhrstifter und Aufwiegler in derselben Weise bestraft, wie wenn sie diese Taten begangen hätten. Für die Strafe des Talion[5]) gelten indessen die Bestimmungen des Scheriat.

Art. 182. Wenn jemand einen Menschen versehentlich getötet oder seinen Tod ohne darauf gerichteten Vorsatz verursacht hat, so haftet er den Erben des Getöteten gegenüber nach den Grundsätzen

[1]) Beruht auf Gesetz vom 3. Djemazi-ül-achyr 1277 (1861).

[2]) Siehe Anmerkung zu Art. 171.

[3]) Geschaffen durch Gesetz vom 3. Djemazi-ül-achyr 1277 (1861).

[4]) Die Tötungsabsicht gilt beispielsweise schon als erwiesen, wenn der Täter Schießwaffen wiederholt abgefeuert hat (Entscheidung des Kassationshofes vom 13. Haziran 1323 (1907).

[5]) Siehe Anmerkung zu Art. 171.

des Scheriat[1]). Ist der Tod auf Unachtsamkeit oder Nichtbeachtung der gesetzlichen Vorschriften von seiner Seite zurückzuführen, so wird er zugleich mit Gefängnis von sechs Monaten bis zu zwei Jahren bestraft[2]).

Art. 183. Wenn jemand einen Menschen versehentlich verletzt oder geschlagen oder seine Verwundung oder Verletzung ohne darauf gerichteten Vorsatz verursacht hat, so hat er die Kosten der ärztlichen Behandlung, und falls die Amputation oder Gebrauchsunfähigkeit eines Körpergliedes herbeigeführt worden ist, das Wergeld[3]) entsprechend den Bestimmungen des Scheriat zu zahlen. Ist die Körperverletzung oder Mißhandlung aber auf Unachtsamkeit oder Nichtbeachtung der gesetzlichen Vorschriften von seiner Seite zurückzuführen, so wird er zugleich mit Gefängnis von einer Woche bis zu zwei Monaten bestraft[4]).

Art. 184. Hat jemand einen Menschen auf Befehl eines Vorgesetzten, dem Zwangsmittel zu Gebote stehen, getötet, so kommt die auf Tötung stehende Strafe gegen den Vorgesetzten zur Anwendung. Als Zwangsmittel in diesem Sinne gilt es, wenn der Vorgesetzte in der Lage ist, den sich seinem Befehle Widersetzenden zu töten.

Von diesem Falle abgesehen, wird der einen solchen Befehl Ausführende nicht als entschuldigt angesehen, sondern es findet die auf Tötung stehende Strafe gegen ihn Anwendung; zugleich wird der Vorgesetzte, der derartiges befohlen hat, ohne daß ihm Zwangsmittel zu Gebote ständen, mit zeitiger Zwangsarbeit bestraft.

Art. 185. Hat jemand einen Menschen auf Befehl eines Vorgesetzten, dem Zwangsmittel zu Gebote stehen, verletzt oder mißhandelt, so finden die oben aufgeführten, je nach der Schwere der Verletzung bestimmten Strafen für Körperverletzung und Mißhandlung auf den Vorgesetzten Anwendung.

Stehen dem Vorgesetzten Zwangsmittel nicht zn Gebote, so kommen die in Frage stehenden Strafen auf den Täter zur Anwendung; zugleich wird der Vorgesetzte, der derartiges befohlen hat, ohne daß ihm Zwangsmittel zu Gebote ständen, mit Gefängnis von einer Woche bis zu einem Jahre bestraft.

Wer einem anderen befohlen hat, eine Tat zu begehen, welche Amputation oder Gebrauchsunfähigkeit eines Körpergliedes zur Folge hat, wird in jedem Fall zu zeitiger Zwangsarbeit verurteilt.

*Art. 186 (durch Novelle aufgehoben).*

> Alte Fassung: Tötung und Körperverletzung bleiben straflos, wenn sie begangen sind zur Verteidigung des Lebens und der Ehre.

Art. 187. Gleichfalls straflos bleiben Tötung, Körperverletzung oder Mißhandlung, wenn sie begangen worden sind, um jemanden

[1]) D. h. er hat Wergeld zu zahlen (siehe hierzu Anmerkung zu Art. 171).
[2]) Zu dem zweiten Satz vergl. franz. StrGB. Art. 319.
[3]) Siehe Anmerkung zu Art. 171.
[4]) In dem zweiten Satz vergl. franz. StrGB. Art. 320.

abzuwehren, der während der Nacht mittels einer Leiter in ein fremdes Haus oder Geschäftslokal oder Zimmer einsteigt oder bei verschlossenen Räumen das Schloß erbricht, oder in ein bewohntes Haus oder dessen Nebenräume mittels Durchbrechens der Mauern oder Aufbrechens der Tür eindringt.

Ist dies am Tage geschehen, so bleibt die Tötung, Körperverletzung oder Mißhandlung nicht gänzlich straflos, sondern der Täter wird nach Artikel 190 bestraft[1].

*Art. 188. Wenn jemand seine Ehefrau oder eine Frau, zu der er in einem die Ehe ausschließenden Verwandtschaftsverhältnis steht, mit einem anderen Manne beim unerlaubten Geschlechtsverkehr ertappt und einen von beiden oder beide zusammen mißhandelt oder verletzt oder tötet, so bleibt er straffrei.*

*Wenn jemand seine Ehefrau oder eine der genannten Frauen mit einem anderen Manne beim Versuch des Ehebruchs*[2] *ertappt und einen von beiden oder beide zusammen mißhandelt oder verletzt oder tötet, so tritt mildere Bestrafung ein.*

Alte Fassung: Wenn jemand seine Ehefrau oder eine Frau, mit der er in einem die Ehe ausschließenden Verwandtschaftsverhältnis steht, mit einem anderen Manne bei einer unsittlichen Handlung ertappt und beide tötet, so tritt mildere Bestrafung ein[3].

*Art. 189. Ist die Tötung, Körperverletzung oder Mißhandlung durch eine gleichartige Handlung des andern Teiles hervorgerufen worden, so tritt gleichfalls mildere Bestrafung ein.*

(In der alten Fassung hieß es weiter:) Dies ist indessen nicht der Fall, wenn eine Tötung, Körperverletzung oder Mißhandlung erwidert wird, die ein Polizeibeamter bei der Ausübung seines Amtes innerhalb der ihm in den Dienstvorschriften bezeichneten Grenzen begangen hat und wofür dieser nicht zur Rechenschaft gezogen werden darf.

*Art. 190. Die Strafen für diejenigen, die einer milderen Bestrafung unterliegen, sind folgende:*

*Ist die Tat mit Todesstrafe oder der Strafe der lebenslänglichen Zwangsarbeit oder lebenslänglichen Festungshaft bedroht, so tritt Gefängnisstrafe von einem Jahre bis zu drei Jahren ein.*

*Ist die Tat mit einer andern Abschreckungsstrafe bedroht, so tritt Gefängnisstrafe von sechs Monaten bis zu zwei Jahren ein.*

*Ist die Tat mit einer Besserungsstrafe bedroht, so wird der Täter je nach der Schwere der Tat und den vorliegenden Strafmilderungsgründen mit*

---

[1]) Vergl. franz. StrGB. Art. 322, 329.

[2]) Im türkischen Texte heifst es wörtlich: „in einem Bette, das ihr nicht erlaubt ist". Gemeint ist offenbar, dafs die Frau mit einem anderen Manne Ehebruch treiben will und daher mit ihm zusammen in einem Bette liegt, dafs aber der aufsereheliche Beischlaf (im Gegensatz zu Abs. 1) noch nicht vollzogen ist.

[3]) Vergl. franz. StrGB. Art. 324 Satz 2.

*Gefängnis von vierundzwanzig Stunden bis zu sechs Monaten oder mit Geldstrafe von fünf Beschliks [1]) bis zu zwei türkischen Pfunden bestraft.*

Alte Fassung: Ist für eine Tötung oder Körperverletzung oder Mißhandlung eine mildere Bestrafung vorgesehen, so tritt Gefängnisstrafe von drei Monaten bis zu drei Jahren ein; zugleich wird auf Stellung unter Polizeiaufsicht für die Zeit von fünf bis zu zehn Jahren je nach der Schwere der Tat erkannt.

*Art. 191. Wenn jemand eine andere Person dadurch bedroht, daß er sie vermittelst eines Schreibens mit oder ohne Siegel oder Unterschrift oder durch eine Mittelsperson auffordert, Geld oder sonstige Gegenstände an ihn selbst oder an einen bestimmten Ort zu schicken, oder andere Forderungen und Vorschläge an sie richtet und ihr zugleich mitteilt, es würden ihr gewisse Nachteile erwachsen, falls sie das Gewünschte nicht schickt oder die Vorschläge nicht ausführt, so wird für den Fall, daß auf die als Nachteil angedrohte Tat nach dem Gesetze die Todesstrafe oder die Strafe der lebenslänglichen Zwangsarbeit stehen würde und vorausgesetzt, daß die Tat nicht zur Ausführung gelangt ist, auf zeitige Zwangsarbeit erkannt.*

*Ist mit der Drohung keine Forderung von Geld oder andern Gegenständen noch sonst ein Verlangen verbunden, so wird, falls die als Nachteil angedrohte Tat eine strafbare Handlung der im ersten Absatz bezeichneten Art darstellt, die aber nicht zur Ausführung gelangt ist, auf Gefängnisstrafe von einem Jahre bis zu drei Jahren erkannt.*

*Handelt es sich um eine mündlich oder mittels eines Schreibens mit oder ohne Siegel oder Unterschrift oder durch eine Mittelsperson gestellte Drohung, die mit Forderungen der im ersten Absatz bezeichneten Art und dem Hinweise auf das Eintreten von Nachteilen verbunden ist, so wird, falls der angekündigte Nachteil eine leichtere strafbare Handlung als die im ersten Absatz erwähnten Verbrechen darstellt und vorausgesetzt, daß diese Handlung ebenfalls nicht zur Ausführung gelangt ist, auf Gefängnisstrafe von drei Monaten bis zu drei Jahren erkannt.*

*Zieht eine mit Forderung der fraglichen Art verbundene Drohung eine Besserungsstrafe nach sich, oder wird mit einer Veröffentlichung gedroht, die sich gegen die Ehre und das Ansehen des andern richtet, so tritt Gefängnisstrafe von einer Woche bis zu einem Jahre ein.*

Alte Fassung: Wenn jemand eine andere Person dadurch bedroht, daß er sie vermittels eines Schreibens mit oder ohne Siegel oder Unterschrift oder durch eine Mittelsperson auffordert, Geld oder sonstige Gegenstände an ihn selbst oder an einen bestimmten Ort zu schicken oder andere Forderungen und Vorschläge an sie richtet und ihr zugleich mitteilt, es würden ihr gewisse Nachteile erwachsen, falls sie das Gewünschte nicht schickt oder die Vorschläge nicht ausführt, so wird für den Fall, daß auf die als Nachteil angedrohte Tat gesetzlich Todesstrafe oder die Strafe der lebenslänglichen Zwangsarbeit stehen würde, und voraus-

[1]) Ein Beschlik = 5 Piaster (ca. 1 Frank).

gesetzt, daß diese Tat nicht zur Ausführung gelangt ist, auf zeitige Zwangsarbeit erkannt.

Ist die als Nachteil angedrohte Handlung keines der oben benannten Verbrechen, sondern ein Verbrechen leichterer Art, so tritt, immer vorausgesetzt, daß sie nicht zur Ausführung gelangt ist, Gefängnisstrafe von einem Jahre bis zu drei Jahren und zugleich Geldstrafe von drei bis zu zwanzig türkischen Pfunden ein.

## Zweiter Abschnitt.

### Abtreibung einer Leibesfrucht; Verkauf von verfälschten Getränken und von Giften ohne Garantie für ihre Verwendung.

*Art. 192. Eine Frau, die ihre Leibesfrucht abtreibt, indem sie entweder selbst dazu geeignete Mittel anwendet oder ihre Einwilligung dazu gibt, daß ein anderer sie bei ihr anwendet, wird mit Gefängnis von sechs Monaten bis zu drei Jahren bestraft.*

*Wer mit Einwilligung einer Frau durch Verschaffung geeigneter Mittel die Abtreibung ihrer Leibesfrucht veranlaßt, wird zu Gefängnis von einem Jahre bis zu drei Jahren verurteilt. Ist infolge der Abtreibung oder durch die hierzu verwendeten Mittel der Tod der Frau eingetreten, so wird auf Zwangsarbeit von vier bis zu sieben Jahren erkannt.*

*Mit Zwangsarbeit von drei bis zu zehn Jahren wird bestraft, wer die Leibesfrucht einer Frau, die um ihre Schwangerschaft weiß, ohne deren Einwilligung durch Anwendung geeigneter Mittel oder durch Schlagen, Verletzen oder sonstige Handlungen abtreibt. Ist infolge einer solchen Abtreibung oder durch die hierzu verwendeten Mittel der Tod der Frau eingetreten, so wird auf Zwangsarbeit nicht unter fünfzehn Jahren erkannt.*

*Sind diese Handlungen von Ärzten, Sanitätsbeamten oder Personen wie Hebammen, die ihr Gewerbe unter staatlicher Aufsicht betreiben, begangen worden, so wird die darauf stehende Strafe um ein Sechstel erhöht.*

Alte Fassung: Wer durch Mißhandlung oder auf andere Weise bei einer Schwangeren die Abtreibung der Leibesfrucht herbeiführt, hat das Wergeld[1]) nach den Bestimmungen des Scheriat zu entrichten und wird, wenn die Absicht hierauf gerichtet war, zugleich mit zeitiger Zwangsarbeit bestraft.

Art. 193. Wer einer Schwangeren mit oder ohne deren Einwilligung zum Zwecke der Abtreibung Arzneien einflößt oder sonstige Mittel und Wege zur Erreichung dieses Zweckes angibt und dadurch eine Frühgeburt herbeiführt, wird mit Gefängnis von sechs Monaten bis zu zwei Jahren und, wenn er Arzt, Chirurg oder Apotheker ist, mit zeitiger Festungshaft bestraft[2]).

Art. 194. Wer einem andern vorsätzlich gewisse Mittel verabreicht, die, ohne tödlich zu sein, seine Erkrankung oder zeitweilige

[1]) Siehe Anmerkungen zu Art. 171.

[2]) Vergl. franz. StrGB. Art. 317 Satz 1 und 3.

Erwerbsunfähigkeit herbeiführen, wird mit Gefängnis von einem Monat bis zu einem Jahre bestraft; zugleich wird auf Erlegung einer Buße an den Geschädigten im Betrage von drei bis fünfundzwanzig türkischen Pfunden erkannt[1]).

Art. 195. Wer, ohne ein Diplom zu besitzen, eine Apotheke eröffnet, wird mit Geldstrafe von zehn bis fünfzehn türkischen Pfunden bestraft; zugleich wird die Apotheke geschlossen[2]).

Art. 196. Wer gesundheitsschädliche Arzneimittel oder verfälschte Getränke oder Gifte ohne genügende Garantie für ihre Verwendung verkauft, wird mit Gefängnis von einer Woche bis zu zwei Jahren und Geldstrafe von einem türkischen Pfund bis zu fünfundzwanzig türkischen Pfunden bestraft; außerdem werden die verkauften Gegenstände von seiten der Behörde eingezogen[3]).

## Dritter Abschnitt.

### Strafbare Handlungen wider die Sittlichkeit.

*Art. 197. Wer mit einem Kinde, welches das fünfzehnte Lebensjahr noch nicht vollendet hat, unzüchtige Handlungen vornimmt, wird zu zeitiger Zwangsarbeit verurteilt. Ist die Tat unter Anwendung von Zwang und Gewalt zur Ausführung gebracht worden, so darf die Dauer der Zwangsarbeit nicht weniger als sieben Jahre betragen.*

Alte Fassung: Wer mit einem Kinde unter elf Jahren unzüchtige Handlungen vornimmt, wird zu zeitiger Gefängnisstrafe nicht unter sechs Monaten verurteilt[4]).

Art. 198. Wer mit Gewalt an einer Person unzüchtige, d. h. deren Schamgefühl verletzende Handlungen vornimmt, wird zu zeitiger Zwangsarbeit verurteilt[5]).

Zusatz[6]). Wer mit der Ausführung der gewaltsamen unzüchtigen Handlung begonnen, die Tat aber infolge des Eintretens von außerhalb seines Willens liegenden Hinderungsgründen nicht vollendet hat, wird mit Gefängnis nicht unter drei Monaten bestraft.

Art. 199. Werden die gewaltsamen unzüchtigen Handlungen von Erziehern oder gesetzlichen Vertretern[7]) oder Lohndienern an den ihrer Obhut anvertrauten Personen vorgenommen, so ist auf zeitige Zwangsarbeit nicht unter fünf Jahren zu erkennen.

Art. 200. Ist eine solche gewaltsame unzüchtige Handlung an einer unverheirateten Person weiblichen Geschlechts vorgenommen

---

[1]) Vergl. franz. StrGB. Art. 317 Satz 4.

[2]) Ebenso Apothekerreglement vom 22. Redjeb 1277 (1862) (abgedruckt im Düstur, Bd. 2 Seite 817) Art. 41:

„Die unbefugte Ausübung des Apothekergewerbes wird mit Schließung der Apotheke und Geldstrafe von zehn bis fünfzig türkischen Pfunden bestraft."

[3]) Vergl. franz. StrGB. Art. 318.

[4]) Vergl. franz. StrGB. Art. 331.

[5]) Vergl. franz. StrGB. Art. 332 Satz 3.

[6]) Geschaffen durch Gesetz vom 3. Djemazi-ül-achyr 1277 (1861).

[7]) Siehe Anmerkung zu Art. 40.

worden, so wird der Täter neben der Strafe der Zwangsarbeit auch noch zur Schadenersatzleistung verurteilt.

Zusatz[1]): Wer ein im Pubertätsalter stehendes Mädchen durch Abgabe eines falschen Heiratsversprechens zum Beischlaf verführt und sich dann weigert, die Heirat mit ihm einzugehen, wird zur Schadenersatzleistung und zugleich zu Gefängnis von einer Woche bis zu sechs Monaten verurteilt. Jedoch wird die Verurteilung davon abhängig gemacht, daß die Abgabe des falschen Heiratsversprechens entweder durch das Geständnis des Verführers oder durch einen von der Verführten zu erbringenden anderweitigen Beweis festgestellt worden ist.

Art. 201. Wer der Unzucht Vorschub leistet, indem er jugendliche Personen männlichen oder weiblichen Geschlechts gewohnheitsmäßig durch Verführung und Täuschung zur Prostitution verleitet oder Gelegenheit dazu verschafft, wird mit Gefängnis von einem Monat bis zu einem Jahre bestraft.

Geht die Verführung vom Vater oder von der Mutter oder dem Vormund[2]) aus, so wird der Schuldige mit Gefängnis von sechs Monaten bis zu anderthalb Jahren bestraft[3]).

*Zusatz: Die Strafverfolgun gegen eine Frau, die aus freien Stücken mit einem andern in unerlaubten Geschlechtsverkehr getreten ist, geschieht nur auf Antrag, der während des Bestehens der Ehe oder bis zum Ende des vierten Monats nach erfolgter Scheidung von seiten des Ehemannes, in Ermangelung eines solchen von seiten des gesetzlichen Vertreters der Frau zu stellen ist. Auf die Erhebung der Klage hin wird die Frau, die des außerehelichen Beischlafs überführt worden ist, mit Gefängnis von drei Monaten bis zu zwei Jahren bestraft.*

*Der Mitschuldige der Frau wird, wenn er verheiratet ist, ebenfalls mit Gefängnis von drei Monaten bis zu zwei Jahren, und wenn er unverheiratet ist, mit Gefängnis von einem Monat bis zu einem Jahr bestraft. Außerdem ist auf Geldstrafe von fünf bis zu hundert türkischen Pfunden zu erkennen. Schlüssige Beweise für das Vorliegen der Schuld bilden in solchem Falle die Ertappung auf frischer Tat, die Anwesenheit in den Frauengemächern eines Mohammedaners oder mit eigener Hand geschriebene Briefe oder Schriftstücke.*

*Wenn jedoch der Ehegatte oder gesetzliche Vertreter vor oder nach dem Urteile die Klage zurückzieht oder der Ehegatte seine Frau wieder zu sich nimmt, unterbleibt die Rechtsverfolgung und Bestrafung sowohl der Frau wie ihrem Mitschuldigen gegenüber; ebenso wird die Rechtsverfolgung gegen beide eingestellt, wenn der Kläger während der Untersuchung oder des Gerichtsverfahrens stirbt.*

*Ein Ehemann, der überführt wird, in dem Hause, das er mit seiner Ehefrau zusammen bewohnt, mit einer andern Frau unerlaubten Geschlechtsver-*

---

[1]) Geschaffen durch Gesetz vom 3. Djemazi-ül-achyr 1277 (1861).

[2]) vassi = (siehe Anmerkung zu Art. 40).

[3]) Vergl. franz. StrGB. Art. 334.

*kehr zu unterhalten, wird auf Antrag der Ehefrau mit Gefängnis von drei Monaten bis zu zwei Jahren und zugleich mit Geldstrafe von fünf bis zu hundert türkischen Pfunden bestraft.*

Alte Fassung[1]): Wegen Ehebruchs kann gegen eine Frau nur von dem Ehegatten und in Ermangelung eines solchen von ihrem gesetzlichen Vertreter geklagt werden[2]).

Die in einem solchen Prozesse des Ehebruchs überführte Frau wird mit Gefängnis von mindestens drei Monaten und höchstens zwei Jahren bestraft, jedoch kann der Ehegatte dadurch, daß er einwilligt, die Frau wieder zu sich zu nehmen, ihre Bestrafung verhindern[3]).

Der Mitschuldige der Frau wird gleichfalls mit Gefängnis von drei Monaten bis zu zwei Jahren und außerdem mit Geldstrafe von fünf bis zu hundert türkischen Pfunden bestraft. Schlüssige Beweise für das Vorliegen seiner Mitschuld bilden in solchen Fällen die Ertappung auf frischer Tat, die Anwesenheit in den Frauengemächern eines Mohammedaners oder mit eigener Hand geschriebene Briefe oder Schriftstücke[4]).

Diese Bestimmung ist aber nur anwendbar auf Prozesse, die von dem Ehemanne oder dem gesetzlichen Vertreter gegen die Ehefrau wegen Ehebruchs angestrengt werden; für die übrigen Unzuchtsverbrechen dieser Art gelten nach wie vor die zurzeit in Kraft befindlichen zuchtpolizeilichen Bestimmungen.

Ein Ehegatte, der überführt wird, in dem Hause, das er mit seiner Ehefrau zusammen bewohnt, mit einer andern Frau dauernd in unerlaubtem Geschlechtsverkehr zu stehen, wird auf Antrag der Ehefrau mit Geldstrafe von fünf bis zu hundert türkischen Pfunden bestraft[5]).

Art. 202. Wer öffentlich eine das Schamgefühl verletzende unsittliche Handlung begeht, wird mit Gefängnis von drei Monaten bis zu einem Jahre und mit Geldstrafe von einem türkischen Pfunde bis zu zehn türkischen Pfunden bestraft.

*Zusatz I*[6]): *Wer jugendliche Personen männlichen oder weiblichen Geschlechts mit unzüchtigen Worten anredet, wird mit Gefängnis von einer Woche bis zu einem Monat, und wer sie mit den Händen unsittlich berührt, mit Gefängnis von einem Monat bis zu drei Monaten bestraft.*

*Wer in Örtlichkeiten, die ausschließlich für Frauen bestimmt sind, in Frauenkleidung eindringt, wird allein hierfür mit Gefängnis von drei Monaten bis zu einem Jahre bestraft. Begeht ein in solcher Verkleidung Eingedrungener ein Verbrechen oder Vergehen, das nach dem Gesetz mit einer schwereren Strafe als die oben genannte bedroht ist, so tritt diese Strafe ein.*

---

[1]) Gesetz vom 8. Djemazi-ül-achyr 1277 (1861).

[2]) Vergl. franz. StrGB. Art. 336.

[3]) Vergl. franz. StrGB. Art. 337.

[4]) Vergl. franz. StrGB. Art. 338.

[5]) Vergl. franz. StrGB. Art. 339.

[6]) Während Zusatz II erst durch die Novelle neu hinzugekommen ist, war Zusatz I schon durch Gesetz vom 8. Djemazi-ül-achyr 1277 (1801) geschaffen worden. Die frühere Fassung unterschied sich von der jetzigen nur in redaktioneller Hinsicht.

*Zusatz II: Wenn jemand unter Verstoß gegen die guten Sitten eine Frau zu unzüchtigen Zwecken an öffentlichen Orten oder halb öffentlichen Plätzen, wie Weinbergen und Gärten, wo das Publikum mit Leichtigkeit zuschauen kann, tanzen läßt, so wird sowohl derjenige, der das Tanzen veranlaßt hat, als auch die Frau, wenn sie aus freien Stücken getanzt hat, mit Gefängnis von einem Monat bis zu einem Jahre bestraft.*

## Vierter Abschnitt.

### Freiheitsberaubung; Kinderraub; Entführung von Mädchen.

Art. 203. Wer ohne obrigkeitlichen Befehl und entgegen den in Gesetzen und Verordnungen niedergelegten Grundsätzen betreffend die Festnahme Angeschuldigter, eine Person einsperrt oder als Geisel zurückbehält, wird mit Gefängnis von sechs Monaten bis zu drei Jahren bestraft.

Mit Gefängnis von drei Monaten bis zu drei Jahren wird bestraft, wer wissentlich einen Platz zum Verbergen der einzusperrenden oder als Geisel zurückzuhaltenden Personen anweist[1]).

Art. 204. Ist die im vorhergehenden Artikel erwähnte Freiheitsberaubung unter Anlegung der Kleidung eines Beamten oder unter Nennung eines falschen Namens oder unter Vorzeigung eines gefälschten Befehls einer Behörde unternommen worden, so wird auf zeitige Zwangsarbeit erkannt.

Gleiche Strafe tritt in jedem Falle ein, wenn die ihrer Freiheit beraubten Personen mit dem Tode bedroht oder körperlichen Mißhandlungen und Martern ausgesetzt worden sind[2]).

Art. 205. Wer ein unmündiges Kind mit einem andern vertauscht oder an Stelle des einer Frau gehörigen Kindes ein nicht von ihr geborenes unterschiebt, wird mit Gefängnis von sechs Monaten bis zu drei Jahren bestraft.

Gleiche Strafe trifft denjenigen, der ein unmündiges Kind raubt oder verschwinden läßt; hat er aber innerhalb seiner Strafzeit das Kind nicht wieder zum Vorschein gebracht, so wird er nicht eher aus dem Gefängnis entlassen, als bis entweder das Kind herbeigeschafft oder dessen Tod festgestellt worden ist[3]).

*Art. 206. Wer eine Person männlichen oder weiblichen Geschlechts mit Gewalt oder List entführt, wird in folgender Weise bestraft:*

*Ist die entführte Person männlichen Geschlechts und hat sie das fünfzehnte Lebensjahr noch nicht vollendet, so wird der Täter zu Gefängnisstrafe von einem Jahre bis zu drei Jahren verurteilt.*

*Ist das entführte Kind weiblichen Geschlechts, so wird auf zeitige Zwangsarbeit erkannt; diese Strafe ist nicht unter zehn Jahre festzusetzen, wenn der Entführer eine unzüchtige Handlung dabei vorgenommen hat.*

---

[1]) Vergl. franz. StrBG. Art. 341.
[2]) Vergl. franz. StrGB. Art. 344.
[3]) Vergl. franz. StrGB. Art. 345.

*Hat die entführte Person männlichen oder weiblichen Geschlechts das fünfzehnte Lebensjahr vollendet, so tritt Gefängnisstrafe von zwei bis zu drei Jahren ein.*

*Ist das entführte Mädchen vom Entführer geheiratet worden, so entfällt die öffentliche Klage, wenn entweder das Mädchen selbst, falls es das fünfzehnte Lebensjahr vollendet hat, oder andernfalls sein gesetzlicher Vertreter auf die Strafverfolgung verzichtet.*

*Auf Zwangsarbeit nicht unter fünf Jahren ist zu erkennen, wenn die entführte Frauensperson verheiratet ist oder unzüchtige Handlungen dabei vorgenommen worden sind.*

*Ist die entführte Person, innerhalb von höchstens achtundvierzig Stunden und ohne daß irgend ein Übergriff stattgefunden hat, aus freien Stücken an einem sicheren Orte zurückgelassen worden, von wo sie seitens ihrer Familienangehörigen abgeholt werden kann, so tritt Gefängnisstrafe von einem Monat bis zu einem Jahre ein.*

Alte Fassung: Wer ein Kind, welches das Pubertätsalter noch nicht erreicht hat, mit Gewalt oder List entführt, wird mit Gefängnis von drei Monaten bis zu einem Jahre bestraft[1]).

Ist die entführte Person ein Mädchen, welches das Pubertätsalter noch nicht erreicht hat, wird der Entführer zu zeitiger Zwangsarbeit verurteilt[2]).

Ist an dem entführten Mädchen eine unsittliche Handlung vorgenommen worden, so ist auf die für diese Straftat festgesetzte Höchststrafe zu erkennen.

Ist das entführte Mädchen vom Entführer geheiratet worden, so wird nach den Besfimmungen des Scheriat verfahren[3]).

Zusatz[4]): Wer eine Frauensperson, die das Pubertätsalter erreicht hat, mit Gewalt entführt, wird mit Gefängnis von drei Monaten bis zu drei Jahren bestraft.

Ist die Entführte verheiratet, so ist gegen den Entführer auf zeitige Zwangsarbeit zu erkennen.

Mit Gefängnis von einem Monat bis zu sechs Monaten wird bestraft, wer bei der Entführung einer Frauensperson, mag sie nun das Pubertätsalter erreicht haben oder nicht, Beihilfe leistet.

## Fünfter Abschnitt.

### Falsches Zeugnis und Meineid.

Art. 207. Wer zugunsten oder ungunsten einer unter der Anklage eines Verbrechens stehenden Person ein falsches Zeugnis ableistet, wird zu zeitiger Zwangsarbeit, verbunden mit öffentlicher Schaustellung, verurteilt.

Wenn die des Verbrechens angeklagte Person infolge des falschen Zeugnisses zu einer schwereren Strafe als zei-

---

1) Vergl. franz. StrGB. Art 354.

2) Vergl franz. StrGB. Art. 355.

3) Siehe Anmerkung zu Art. 171.

4) Geschaffen durch Gesetz vom 3. Djemazi-ül-achyr 1277 (1861).

tige Zwangsarbeit verurteilt worden ist, so wird gegen den Zeugen auf die gleiche Strafe erkannt[1]).

Art. 208. Wer zugunsten oder ungunsten einer unter der Anklage eines Vergehens oder einer Übertretung stehenden Person ein falsches Zeugnis ableistet, wird mit Gefängnis von einem Monat bis zu fünf Monaten verurteilt[2]).

Art. 209. Wer in Zivilprozessen ein falsches Zeugnis ablegt, wird mit Gefängnis von sechs Monaten bis zu einem Jahre bestraft[3]).

Art. 210. Hat eine Person, die ein falsches Zeugnis abgelegt hat, dafür Geld genommen, so wird sie zur Rückzahlung des erhaltenen Betrages verurteilt; zugleich wird gegen sie sowohl wie gegen denjenigen, der das Geld gegeben hat, wegen Bestechung vorgegangen.

Art. 211. Wer einen andern wider dessen Willen an der Ablegung eines wahrheitsgemäßen Zeugnisses hindert oder mit Gewalt zu einem falschen Zeugnisse verleitet, unterliegt denselben Strafen, die für die falschen Zeugen je nach der Schwere der strafbaren Handlung bestimmt werden[4]).

Art. 212. Wer als Eidespflichtiger in Zivilprozessen einen Meineid schwört, wird zur öffentlichen Schaustellung und zu Gefängnis nicht unter sechs Monaten verurteilt[5]).

## Sechster Abschnitt.

### Verleumdung; Beleidigung; Verrat von Geheimnissen.

*Art. 213. Wer einen andern, obwohl er dessen Schuldlosigkeit kennt, aus Rache einer strafbaren Handlung bezichtigt, indem er bei der Justizbehörde oder bei einem Beamten, der verpflichtet ist, dieser die Angelegenheit zu unterbreiten, Anzeige erstattet oder Klage einreicht, oder wer gegen einen Unschuldigen Indizien und materielle Beweisstücke für eine solche strafbare Handlung künstlich anfertigt, wird je nach der Schwere der bezichtigten strafbaren Handlung und der Wucht der erdichteten Beweise mit Gefängnis von einer Woche bis zu drei Jahren bestraft.*

*Ist die strafbare Handlung, deren jemand bezichtigt wird, mit einer Abschreckungsstrafe bedroht, so wird gegen den Verleumder wieder je nach der Wucht der Beweise und unter Berücksichtigung der Beschränkung der persönlichen Bewegungsfreiheit, die eine derartige Bezichtigung für den Verleumdeten z. B. in Form einer Verhaftung zur Folge gehabt hat, auf zeitige Zwangsarbeit erkannt. Ist gegen den Verleumdeten eine Entscheidung ergangen, die eine Verurteilung wegen eines Verbrechens enthält, so beträgt die gegen den Verleumder zu erkennende Strafe der zeitigen Zwangsarbeit mindestens zehn Jahre.*

---

[3]) Vergl. franz. StrGB. Art. 361.
[4]) Vergl. franz. StrGB. Art. 362.
[1]) Vergl. franz. StrGB. Art. 363.
[2]) Vergl. franz. StrGB. Art. 365.
[3]) Vergl. franz. StrGB. Art. 366.

*Wenn derjenige, der eine strafbare Handlung der in den beiden vorhergehenden Absätzen bezeichneten Art begangen hat, die Bezichtigung widerruft oder die Beweisfälschung zugesteht, bevor es zu einer Strafverfolgung gegen den Verleumdeten gekommen ist, so wird auf ein Sechstel der oben aufgeführten Strafen erkannt. Erfolgt der Widerruf der Bezichtigung oder das Eingeständnis der Beweisfälschung erst nach Beginn der Strafverfolgung wegen der angedichteten Tat, so wird die ursprüngliche Strafe um zwei Drittel herabgesetzt.*

Alte Fassung: Wer einen andern in einer Versammlung mündlich oder durch Aushängen und Verteilen von beschriebenen oder bedruckten Zetteln einer strafbaren Handlung bezichtigt, die, wenn der andere sie wirklich begangen hätte, dessen strafrechtliche Verfolgung nach sich ziehen würde, oder wer Tatsachen behauptet, die den andern der öffentlichen Mißachtung aussetzen würden, oder wer gegen einen Staatsbeamten aus Rachsucht derartige Bezichtigungen vorbringt, wird wegen verleumderischer Beleidigung zu derselben Strafe verurteilt, die das Gesetz für die bezichtigte Tat vorsieht. Hiervon sind jedoch ausgenommen die Fälle, in denen jemand der Behörde den Gesetzen und Verordnungen entsprechend Anzeige erstattet oder Rechte im Prozeßwege geltend macht

*Art. 214. Wer einen andern durch Bezichtigung einer bestimmten strafbaren Handlung oder durch Behauptung einer keine strafbare Handlung darstellenden bestimmten Tatsache in einer Weise bloßstellt, die geeignet ist, den andern der öffentlichen Mißachtung und Feindschaft auszusetzen oder ihm seine Ehre oder sein Ansehen abzuschneiden, wird wegen übler Nachrede mit Gefängnis von zwei Monaten bis zu einem Jahre bestraft.*

*Zur Bestrafung wegen übler Nachrede ist das Vorliegen einer der im folgenden aufgezählten Voraussetzungen Bedingung:*

*1. Der Angriff auf die Ehre des andern muß in Gegenwart des Angegriffenen in einer Versammlung oder an einem Orte, an dem sie von andern gehört werden konnte, öffentlich geschehen sein;*

*2. er muß in Abwesenheit des Betroffenen, aber gegenüber einer großen Zahl von versammelten oder einzelnen Personen stattgefunden haben;*

*3. er muß unternommen worden sein durch öffentliche Verbreitung oder Ausstellung von Schriften, Zeichnungen, Skizzen oder Karrikaturen, durch Verteilung von solchen an eine Anzahl von Personen oder durch unmittelbare Zusendung offener Briefe oder Postkarten an den Beleidigten;*

*4. er muß erfolgt sein in täglich oder periodisch erscheinenden Zeitungen und Zeitschriften aller Art oder durch Preßerzeugnisse und Publikationsorgane aller Art. —*

*Wenn die gesetzliche Strafverfolgung wegen der Handlung, die den Gegenstand der üblen Nachrede bildet, eingeleitet worden ist und es sich dabei herausstellt, daß der Beleidiger die Beschuldigungen in Kenntnis der Unschuld des Beleidigten ausgesprochen hat, so ist die üble Nachrede unter dem veränderten Gesichtspunkte der verleumderischen Beleidigung zu betrachten, und es kommen die hierfür geltenden gesetzlichen Bestimmungen in Anwendung.*

*Wenn derjenige, der sich der üblen Nachrede schuldig gemacht hat, die Wahrheit oder Offenkundigkeit der dem Beleidigten vorgeworfenen Handlungen beweisen will, um Freisprechung zu erlangen, so ist diesem Antrage nicht stattzugeben. Nur wenn der Beleidigte ein Staatsbeamter ist und die ihm vorgeworfene Handlung sich auf seine Amtspflichten bezieht oder wenn — und in diesem Falle ohne Rücksicht darauf, wer der Beleidigte ist — eine im Gesetz bezeichnete strafbare Handlung Gegenstand der üblen Nachrede ist, wird der Wahrheitsbeweis zugelassen. Wird hierbei die Beschuldigung als wahr erwiesen oder wird der Beleidigte deswegen verurteilt, so bleibt die üble Nachrede straflos; andernfalls kann bis zum Höchstmaß der Strafe verurteilt werden.*

*Wer ohne Benennung einer bestimmten Tatsache in irgend einer Weise die Ehre, den Ruf oder die Würde eines andern angreift* [1], *wird wegen Ehrgefährdung mit Gefängnis von fünfzehn Tagen bis zu sechs Monaten oder an Stelle davon mit Geldstrafe von fünf bis zu fünfzig türkischen Pfunden bestraft.*

*Auch für die strafbare Handlung der Ehrgefährdung ist das Vorliegen einer der bezüglich der üblen Nachrede aufgeführten vier Voraussetzungen Bedingung.*

*Einen etwaigen Antrag dessen, der die Ehre eines andern gefährdet hat, den Wahrheitsbeweis für die erhobenen Beschuldigungen antreten zu wollen, darf unter keinen Umständen stattgegeben werden. Nur wenn die den Gegenstand der Ehrgefährdung bildende Mitteilung sich auf eine nach dem Gesetze strafbare Handlung bezieht, so steht es dem Täter frei, durch genaue Bezeichnung der betreffenden Handlung seiner Mitteilung eine tatsächliche Grundlage zu geben und sich dadurch in die gleiche Rechtslage zu versetzen, wie bei der üblen Nachrede. In diesem Falle unterliegt er nicht mehr der Strafverfolgung wegen Ehrgefährdung, sondern es kommen die Bestimmungen über üble Nachrede auf ihn zur Anwendung.*

*Wenn bei übler Nachrede und Ehrgefährdung der Name des Betroffenen nicht bestimmt genannt oder die Beschuldigung völlig dunkel gehalten worden ist, so wird dennoch, falls sich nach der Art der Begehung der strafbaren Handlung Anhaltspunkte ergeben, die nicht daran zweifeln lassen, daß eine Bezichtigung vorliegt und daß diese sich auf die Person des Klägers bezieht, in der Weise verfahren, als ob sowohl der Name genannt, wie auch die Beschuldigung in unzweifelhafter Weise erhoben worden wäre.*

*Mit Gefängnis von vierundzwanzig Stunden bis zu einem Monat oder mit Geldstrafe bis zu fünf türkischen Pfunden wird bestraft, wer, abgesehen von übler Nachrede und Ehrgefährdung, einen andern wörtlich oder tätlich in dessen Gegenwart oder mittels eines Briefes, der an ihn gerichtet oder mit der Absicht geschrieben worden ist, daß er zu seiner Kenntnis gelangen soll, beleidigt oder wer einem andern gegenüber unziemliche Worte gebraucht oder*

---

[1] Vergl. die ähnliche Definition im Preßgesetz vom $\frac{\text{11. Redjeb 1327}}{\text{16. \quad 1327}}$ Art. 25 (s. Anhang I).

*ihm durch bestimmte Zeichen oder ungehöriges Benehmen seine Mißachtung bezeugt.*

*Wenn der Beleidigte durch sein unbilliges Verhalten seinerseits zu der Beleidigung Veranlassung gegeben oder die Beleidigung auf der Stelle erwidert oder die Bitte um Verzeihung angenommen hat, so kann das Gericht nach den Umständen des Falles die Strafe für beide oder auch nur für einen um ein bis zwei Drittel herabsetzen oder auch völlig aufheben.*

*Die Strafverfolgung wegen der in diesem Abschnitte aufgeführten strafbaren Handlungen ist abhängig von der ordnungsgemäßen Erhebung einer Privatklage des Betroffenen. Außer im Falle der verleumderischen Beleidigung wird, wenn der Kläger nachträglich seine Klage zurückzieht, auch die öffentliche Strafverfolgung eingestellt.*

*Der Kläger kann zugleich mit der Stellung des Strafantrages außer dem Ersatz des materiellen Schadens, der ihm durch die strafbare Handlung zugefügt worden ist, auch noch eine Geldbuße als Entschädigung für den moralischen Schaden, von dem er betroffen zu sein glaubt, beanspruchen. Die Höhe dieser Geldbuße wird vom Gericht unter Berücksichtigung der Schwere der strafbaren Handlung, sowie der sozialen Stellung des Beleidigten abgeschätzt und festgesetzt.*

*Ist die strafbare Handlung zwar erwiesen, die Strafe aber aufgehoben, so wird die Entschädigungsforderung abgewiesen.*

*Die Bestimmungen des Preßgesetzes vom 16. Teuenz 1325* [1]*, die mit diesen Artikeln in Widerspruch stehen, werden außer Kraft gesetzt.*

Alte Fassung: Wer in bezug auf einen andern, ohne ihn einer bestimmten Tatsache zu bezichtigen, durch Hinweis auf eine ungehörige Handlungsweise oder in irgendeiner andern Art ehrverletzende Worte gebraucht oder ihn beleidigt, wird mit Gefängnis von vierundzwanzig Stunden bis zu einem Monat oder mit Geldstrafe von einem halben türkischen Pfund bis zu drei türkischen Pfunden bestraft.

Art. 215. Ärzte, Wundärzte, Hebammen und dergleichen Personen, welche die ihnen kraft ihres Berufes anvertrauten Privatgeheimnisse, abgesehen von den Fällen, wo sie zur Mitteilung gesetzlich verpflichtet sind, offenbaren, werden mit Gefängnis von vierundzwanzig Stunden bis zu einer Woche und mit Geldstrafe von einem Medjidijé Silber[2] bis zu einem türkischen Pfunde bestraft[3] [4].

## Siebenter Abschnitt.

### Diebstahl.

Art. 216. Wenn unter Ehegatten, mögen sie nun zusammen oder getrennt leben, der eine Teil eine dem andern Teil gehörige Sache entwendet oder wenn Kinder oder sonstige Verwandte absteigender

[1] = 29. Juli 1909 (s. Anhang 1).

[2] = ca. 3,40 Mk.

[3] Vergl. franz. StrGB. Art. 378.

[4] Verletzung des Briefgeheimnisses wird nach Art. 29 StrGB. bestraft. Über Verletzung des Telegrammgeheimnisses bestimmt die Telegraphenordnung vom 17. Rebi-ül-evel 1286 (1870) (abgedruckt im Düstur, Bd. II Seite 348) folgendes:

Linie eine dem Vater oder der Mutter oder sonstigen Verwandten aufsteigender Linie gehörige Sache oder umgekehrt Vater, Mutter oder sonstige Verwandte aufsteigender Linie eine den Kindern oder sonstigen Verwandten absteigender Linie gehörige Sache entwenden, so wird auf Rückgabe derselben an den Eigentümer erkannt.

Ist die Sache verbraucht und der Entwendende unfähig, Schadenersatz zu leisten, so wird gegen ihn, wenn er zugleich ein Gewohnheitsdieb ist, auf Gefängnis erkannt.

Wer, in dieser Weise entwendete Sachen beiseite bringt und verheimlicht oder wer sie ganz oder zum Teil zu seinem Vorteile verwendet, wird wegen gewöhnlichen Diebstahls bestraft[1] [2].

Art. 217. Auf lebenslängliche Zwangsarbeit oder zeitige Zwangsarbeit nicht unter fünfzehn Jahren[3]) ist zu erkennen im Falle eines Diebstahls, bei dem zugleich folgende fünf Umstände zutreffen:

1. daß der Diebstahl zur Nachtzeit ausgeführt wird;
2. daß zwei oder mehr Personen dazu mitwirken;
3. daß diese oder auch nur einer unter ihnen heimlich oder offen Waffen bei sich führt;
4. daß dabei in ein Haus oder dessen Nebenräume oder in ein Zimmer oder überhaupt in einen von Menschen bewohnten Raum mittels Durchbrechens der Mauern, Einsteigens mit Leitern, Aufbrechens der Tür, Eröffnung des Schlosses mit Werkzeugen, Anlegung der Kleidung eines Staatsbeamten oder Vorzeigung eines gefälschten Befehls der Behörden eingedrungen wird;
5. daß Gewalt angewandt oder mittels Blankziehens von Waffen gedroht wird[4]).

Art. 218. Mit zeitiger Zwangsarbeit wird der Diebstahl bestraft, der unter den in Ziffer 1 und 2 des vorhergehenden Artikels aufgeführten Umständen und zugleich unter Anwendung von Zwang oder Gewalt ausgeführt wird.

---

Art. 17. Telegraphenbeamte, die das Geheimnis telegraphischer Mitteilungen verletzen, werden zu Geldstrafe von einem türkischen Pfunde bis zu fünfundzwanzig türkischen Pfunden und zu Gefängnis von einem Monat bis zu einem Jahre verurteilt und können im Telegraphendienste nicht mehr beschäftigt werden.

Art. 18. Hat ein Telegraphenbeamter zwar solche Geheimnisse nicht selbst verraten, wohl aber einer anderen Person Mittel und Wege angegeben, um Telegrammgeheimnisse zu verraten, so wird er wie ein Verräter des Geheimnisses angesehen und es werden beide bestraft.

Art. 19. Wer einen Telegraphenbeamten zum Verrat von Telegrammgeheimnissen durch Bestechung mittels Versprechungen und Geschenken verleitet, wird in derselben Weise bestraft, als ob er das Telegrammgeheimnis verletzt hätte.

[1]) Vergl. franz. StrGB. Art. 380.

[2]) Vergl. türkisches Handelsgesetzbuch Art. 295 (s. Anm. zu Art. 231 StrGB.).

[3]) Die Worte: „zeitige Zwangsarbeit nicht unter fünfzehn Jahren" sind durch Gesetz vom 29. Ejlul 1290 (1874) (abgedruckt bei Avistarchi, Bd. V S. 73) hinzugefügt worden. Das gleiche Gesetz hat auch das Strafmaſs der Art. 218 Absatz 2 und 219 abgeändert.

[4]) Vergl. franz. StrGB. Art. 381.

Hat die Anwendung der Gewalt bei der Ausführung eines solchen Diebstahls eine Körperverletzung verursacht, so ist auf lebenslängliche Zwangsarbeit oder auf zeitige Zwangsarbeit nicht unter fünfzehn Jahren[1]) zu erkennen[2]).

Art. 219. Ein Diebstahl, der zur Nachtzeit von mehreren Personen auf öffentlichen Wegen begangen wird, ist mit lebenslänglicher Zwangsarbeit oder zeitiger Zwangsarbeit nicht unter fünf Jahren[3]) zu bestrafen[4]).

*Art. 220. Mit zeitiger Zwangsarbeit wird bestraft, wer einen Diebstahl begeht, indem er bei geschlossenen und mit Mauern umfriedigten Räumlichkeiten, wenn diese auch nicht von Menschen bewohnt sind noch als Nebenräume zu Wohnungen dienen, die Mauern durchbricht oder mit Leitern übersteigt oder mittels besonderer Werkzeuge oder mit Hilfe anderer Mittel Fenster oder Türen erbricht oder öffnet.*

*Gleiche Strafe trifft einen Dieb, der, auch ohne daß er mittels Durchbrechens einer Mauer oder Anlegens von Leitern oder Öffnens der Schlösser mit besonderen Werkzeugen eingedrungen war, die Zimmertüren eines Hauses oder Nebengebäudes oder Geldschränke, Kassetten und Schränke aufbricht oder mittels besonderer Werkzeuge öffnet.*

Alte Fassung: Mit zeitiger Zwangsarbeit wird bestraft, wer einen Diebstahl begeht, indem er bei geschlossenen und mit Mauern umfriedigten Räumlichkeiten, wenn diese auch nicht von Menschen bewohnt sind noch als Nebenräume zu Wohnungen dienen, die Mauern durchbricht oder mit Leitern übersteigt oder mittels besonderer Werkzeuge die Türen öffnet[5])[6]).

Art. 221. Gleichfalls mit zeitiger Zwangsarbeit wird bestraft, wer einen Diebstahl unter Anwendung von Gewalt begeht, ohne daß es aber dabei zu einer Körperverletzung gekommen ist noch sonstige erschwerende Umstände hinzugetreten sind, oder wer einen Diebstahl ohne jede Gewaltanwendung begeht, wenn hinzukommt, daß die Tat

1. zur Nachtzeit und
2. von zwei oder mehr Personen ausgeführt worden ist, von denen alle oder auch nur einer bewaffnet war.

---

1) Wegen der Worte: „oder auf zeitige Zwangsarbeit nicht unter fünfzehn Jahren" vergl. Anm. zu Art. 217.

2) Vergl. franz. StrGB. Art. 382.

3) Wegen der Worte: „oder zeitiger Zwangsarbeit nicht unter fünf Jahren" vergl. Anm. zu Art. 217.

4) Vergl. franz. StrGB. Art. 383 Satz 1.

5) Vergl. franz. StrGB. Art. 384.

6) Hierzu bestimmt ein Grofsveziratserlafs vom 5. Rebi-ül-achyr 1292 (1875) abgedruckt im Düstur, Bd. IV S. 361) folgendes:

„Die Strafbestimmung des Art. 222 findet keine Anwendung auf Personen, welche Räumlichkeiten öffnen, die nach Art von Bretterverschlägen mit dünnen und morschen Türen verschlossen sind, sei es nun, dafs sie mit Holz- oder Eisenriegeln oder Drückern versehen oder mit Bindfaden oder ähnlichem zugebunden oder leicht mit Nägeln befestigt sind."

*Art. 222. Auf Gefängnis von einem Jahre bis zu drei Jahren ist zu erkennen im Falle eines Diebstahls, der unter einem der folgenden Umstände begangen wird:*

*1. zur Nachtzeit und von zwei oder mehr Personen gemeinschaftlich, oder unter nur einem dieser Umstände, aber in einem bewohnten Raume oder einem Gotteshause;*

*2. falls dabei heimlich oder offen Waffen getragen werden, und zwar selbst wenn der Diebstahl bei Tage oder auch nur von einer einzigen Person ausgeführt wird oder wenn der Tatort kein*[1]*) von Menschen bewohnter Raum ist;*

*3. wenn eine im Dienstverhältnisse stehende Person ihren Dienstherrn, dessen Gast oder einen andern Hausherrn, zu dem sie ihren Dienstherrn begleitet hat, bestiehlt; wenn ein Arbeiter oder Lehrling im Hause oder Laden oder Geschäft seines Meisters oder überhaupt eine Person am Orte ihrer ständigen Beschäftigung stiehlt;*

*4. wenn Gasthofs- oder Gastwirtschaftsbesitzer, Kutscher, Barkenführer oder dergleichen Gewerbetreibende oder deren Angestellte die ihnen anvertrauten Sachen ganz oder zum Teil stehlen* [2]*)* [3]*).*

Art. 223. Kutscher, Lasttiertreiber oder Barkenführer, die von den ihnen zum Transport übergebenen Lebensmitteln und Getränken stehlen und den fehlenden Teil durch gesundheitsschädliche Substanzen ersetzen, werden mit drei Jahren Gefängnis bestraft.

Sind die hinzugefügten Substanzen keine gesundheitsschädlichen Stoffe, so tritt Gefängnisstrafe von einem Monat bis zu einem Jahre und zugleich Geldstrafe von einem halben türkischen Pfund bis zu fünf türkischen Pfunden ein[4]).

*Art. 224. Wer Pferde oder andere Last-, Wagen- und Reittiere und wer großes und kleines Schlachtvieh stiehlt, wird mit Gefängnis von einem Jahre bis zu drei Jahren bestraft.*

*Wer landwirtschaftliche Geräte und Werkzeuge, zum Verkauf zugeschnittenes und vorbereitetes Nutz- und Bauholz, in Steinbrüchen gebrochene Steine, Fische aus Netzen, Blutegel aus Teichen, Geflügel aus dem Hühner-*

---

[1]) In dem offiziellen, im Reichsanzeiger (Takvim-i-vekaï vom 4. Haziran 1327 Nr. 851) veröffentlichten Texte heifst es: „wenn der Tatort ein von Menschen bewohnter Raum ist". Dafs dies lediglich ein Druckfehler ist, ergibt sich sowohl aus dem Zusammenhang und Sinn der Stelle, wie auch aus dem Umstande, dafs nach den Motiven die Novelle nur das Strafmafs, nicht aber den Strafbegriff abändern wollte. Im alten Texte steht deutlich: „kein von Menschen bewohnter Raum".

[2]) Die ursprüngliche Fassung des Art. 222 unterscheidet sich von der jetzigen nur durch das Strafmafs. Es hiefs darin: „Auf Gefängnis bis zu drei Jahren ist zu erkennen etc." Durch Gesetz vom 14. Rebi-ül-achyr 1293 (1876) wurde das Strafmafs zum ersten Male abgeändert. An Stelle der Worte: „Auf Gefängnis bis zu drei Jahren" wurde damals gesetzt: „Auf Gefängnis von sechs Monaten bis zu drei Jahren".

[3]) Vergl. franz. StrGB. Art. 386.

[4]) Vergl. franz. StrGB. Art. 387.

*hof und Bienenstöcke stiehlt, wird mit Gefängnis von einem Monat bis zu einem Jahre bestraft und zugleich zur Rückgabe der gestohlenen Sache an den Eigentümer oder, wenn sie nicht mehr vorhanden ist, zum Schadenersatz verurteilt.*

Alte Fassung: Wer Pferde oder andere Last-, Wagen- und Reittiere und wer großes oder kleines Schlachtvieh, landwirtschaftliche Geräte und Werkzeuge, zum Verkauf zugeschnittenes und vorbereitetes Nutz- und Bauholz, in Steinbrüchen gebrochene Steine, Fische aus Netzen und Blutegel aus Teichen stiehlt, wird mit Gefängnis von einem Monat bis zu einem Jahre bestraft und zugleich zur Rückgabe der gestohlenen Sache an den Eigentümer oder, wenn sie nicht mehr vorhanden ist, zum Schadenersatz verurteilt [1].

*Art. 225. Wer von Feldfrüchten und sonstigen nutzbaren Bodenerträgnissen nach dem Abmähen oder Einsammeln oder von Getreideschobern stiehlt, wird zur Ersatzleistung an den Eigentümer und zugleich zu Gefängnis von einem Monat bis zu einem Jahre verurteilt.*

*Ist ein solcher Diebstahl zur Nachtzeit und von mehreren gemeinschaftlich unter Benutzung von Wagen oder Lasttieren begangen worden, so tritt Gefängnisstrafe von sechs Monaten bis zu zwei Jahren ein.*

Alte Fassung: Wer von Feldfrüchten und sonstigen nutzbaren Bodenerzeugnissen oder von Getreideschobern stiehlt, wird zur Ersatzleistung an den Eigentümer und zugleich zu Gefängnis von vierundzwanzig Stunden bis zu drei Monaten bestraft. Ist ein solcher Diebstahl zur Nachtzeit und von mehreren gemeinschaftlich unter Benutzung von Wagen oder Lasttieren begangen worden, so tritt Gefängnisstrafe bis zu einem Jahre ein [1].

*Art. 226. Sind die Feldfrüchte und sonstigen nutzbaren Bodenerträgnisse noch nicht abgemäht oder eingesammelt worden, so wird, falls der Diebstahl, sei es mit Hilfe eines Tragkorbes, Sackes oder dergleichen Gegenständen, sei es unter Benutzung von Wagen oder Lasttieren oder auch von mehreren Personen gemeinschaftlich begangen worden ist, auf Gefängnis von einem Monat bis zu einem Jahr erkannt.*

Alte Fassung: Sind die Feldfrüchte und sonstigen nutzbaren Bodenerzeugnisse noch nicht abgemäht oder eingesammelt worden, so wird, falls der Diebstahl, sei es mit Hilfe eines Tragkorbes, Sackes oder dergleichen Gegenständen, sei es unter Benutzung von Wagen oder Lasttieren oder auch von mehreren Personen gemeinschaftlich begangen worden ist, auf Gefängnis von vierundzwanzig Stunden bis zu drei Monaten erkannt [2].

Art. 227. Gefängnisstrafe von fünfzehn Tagen bis zu drei Monaten tritt ein, wenn jemand, um einen Diebstahl zu begehen, die Grenzmarken zwischen den Grundstücken verrückt [3].

---

[1] Vergl. franz. StrGB. Art. 388 Satz 3 und 4.

[2] Vergl. franz. StrGB. Art. 388 Satz 5.

[3] Vergl. franz. StrGB. Art. 389.

Art. 228. Wer einen Schlüssel nachmacht oder Werkzeuge zum Öffnen von Schlössern verfertigt, wird mit Gefängnis von drei Monaten bis zu einem Jahre und, wenn er ein Schlosser von Beruf ist, mit zeitiger Zwangsarbeit bestraft[1]).

Art. 229. Wer einem andern einen Schuldschein oder eine Quittung gewaltsam entreißt oder ihn einen solchen Schein zu untersiegeln oder unterschreiben zwingt, wird mit zeitiger Zwangsarbeit bestraft[2]).

Art. 230. Die in diesem Abschnitt nicht aufgeführten Arten von Entwendung und Diebstahl, wie z. B. Taschendiebstahl, werden mit Gefängnis von drei Monaten bis zu einem Jahre bestraft; zugleich wird dem Täter von seiten der Polizei die Stellung eines Bürgen auferlegt[3]) [4]).

*Zusatz I: Wenn jemand, der einen mit Besserungsstrafen bedrohten Diebstahl oder Betrug oder eine ebensolche Veruntreuung begangen hat, die widerrechtlich in Besitz genommene Sache, ohne daß eine Strafverfolgung eingeleitet worden ist, dem Eigentümer zurückgibt, oder, falls dies nicht mehr möglich ist, dem Geschädigten den Verlust ersetzt, so wird die zu erwartende Strafe um ein bis zwei Drittel herabgesetzt. Erfolgt die Rückgabe oder Schadenersatzleistung während der Strafverfolgung, aber vor der Verurteilung, so wird die Strafe um ein Sechstel bis ein Drittel ermäßigt.*

*Wird ein Diebstahl oder Betrug oder eine Veruntreuung an Sachen von unbedeutendem Werte begangen, so wird die Strafe um ein Drittel bis zur Hälfte herabgesetzt.*

*Jeder Diebesgenosse oder Helfershelfer und Hehler, der vor Beginn der Untersuchung der Behörde die eigentlichen Täter anzeigt oder dies auch nach Beginn der Untersuchung noch aus freien Stücken tut und dadurch die Festnahme der Täter erleichtert, bleibt von der Bestrafung wegen Diebstahls frei; indessen wird er für höchstens ein Jahr unter Polizeiaufsicht gestellt.*

Alte Fassung: Zusatz I[5]). Wer es unternimmt, einen Diebstahl zu begehen, aber infolge des Eintretens von außerhalb seiner freien Willensbestimmung liegenden Hinderungsgründen noch nichts hat entwenden können, wird je nach der Schwere der Tat, die er vorgehabt hat, zu den auf Diebstahl stehenden Strafen verurteilt.

---

[1]) Vergl. franz. StrGB. Art. 399 Satz 1 und 2.

[2]) Vergl. franz. StrGB. Art. 400 Satz 1.

[3]) Vergl. franz. StrGB. Art. 401 Satz 1.

[4]) Diese Stellung unter Bürgschaft ist eine abgeschwächte Art der Stellung unter Polizeiaufsicht. Wenn sie auch unter den Strafen in den einleitenden Bestimmungen des StrGB. (Art. 12—14) nicht aufgeführt wird, so erfreute sie sich doch besonders unter dem alten hamidianischen Regime in der Türkei einer besonderen Beliebtheit und wurde bei allen Delikten, die gegen die Sicherheit von Eigentum und Leben der Privatpersonen gerichtet waren (z. B. Bedrohung) als vorbeugende Maſsregel von der Polizei angewandt. Heute scheint sie mehr und mehr abzukommen.

[5]) Gesetz vom 8. Djemazi-ül-achyr 1277 (1861).

Wer Dieben, auf deren Tat die Strafe der Zwangsarbeit steht, in Kenntnis ihres Treibens Hehlerdienste oder Beihilfe leistet, wird mit zeitiger Zwangsarbeit bestraft. Ist der Diebstahl mit Gefängnisstrafe bedroht, so tritt für den Hehler oder Helfershelfer die gleiche Strafe, wie für den Dieb selbst ein [1]).

Jeder Diebesgenosse oder Helfershelfer und Hehler, der vor Beginn der Untersuchung der Behörde die eigentlichen Täter anzeigt oder dies auch nach Beginn der Untersuchung noch aus freien Stücken tut und dadurch die Festnahme der Täter erleichtert, bleibt von der Bestrafung wegen Diebstahls frei; indessen wird er für höchstens ein Jahr unter Polizeiaufsicht gestellt.

Zusatz II [2]). Wer eine gestohlene Sache wissentlich an sich nimmt, wird je nach der Schwere der Tat mit Gefängnis von vierundzwanzig Stunden bis zu einem Jahre bestraft; zugleich hat er die gestohlene Sache, falls sie noch vorhanden ist, dem Eigentümer zurückzugeben; andernfalls hat er Schadenersatz zu leisten [3]).

*Zusatz II [4]): Für jemanden, der einen mit Besserungsstrafen bedrohten Diebstahl zu begehen versucht hat, wird die auf der eigentlichen Tat stehende Strafe um ein bis zwei Drittel herabgesetzt.*

*Zusatz III [5]): Wer gestohlene Gegenstände wissentlich verkauft oder zum Handel mit solchen ebenfalls wissentlich Beihilfe leistet, wird mit Gefängnis von vierundzwanzig Stunden bis zu einem Jahre bestraft.*

## Achter Abschnitt.

### Bankrott und Betrug.

Art. 231. Wer sich in den vom Handelsgesetzbuch vorgesehenen Fällen des betrügerischen Bankrotts schuldig macht, wird ebenso wie diejenigen, die nach den Bestimmungen des Handelsgesetzbuches als Teilnehmer daran anzusehen sind, mit zeitiger Zwangsarbeit bestraft [6]) [7]).

---

[1]) Siehe Anm. 2 zu Art. 45.

[2]) Beruht auf Gesetz vom 3. Rebi-ül-achyr 1285 (1809).

[3]) Vergl. franz. StrGB. Art. 400 Satz 4.

[4]) Dieser Zusatz wurde durch Gesetz vom 12. Redjeb 1329 (9. Juli 1911), also nach dem Erlaſs der Novelle geschaffen.

[5]) Dieser Zusatz ist wie Zusatz II ebenfalls erst nach dem Inkrafttreten der Strafgesetznovelle durch Gesetz vom 21. Sefer 1330 (9. Februar 1912) hinzugefügt worden.

[6]) Vergl. franz. StrGB. Art. 402 Satz 1 und Art. 403.

[7]) Die betr. Bestimmungen des türkischen Handelsgesetzbuches vom 12. Ramazan 1266 (1850) — Düstur Bd. I S. 375 ff. — lauten:

Art. 292. Wegen betrügerischen Bankrotts wird mit dem im Strafgesetzbuch für Diebstahl festgesetzten Strafen ein Kaufmann bestraft, über dessen Vermögen das Konkursverfahren eröffnet worden ist und der die Rechnungsbücher beiseite gebracht hat, in den vorhandenen Papieren, sei es öffentlichen Urkunden oder Akten mit seiner einfachen Unterschrift und Bilanzen Teile

Art. 232. Wer sich des einfachen Bankrotts schuldig macht, d. h. aus Nachlässigkeit in Konkurs gerät, wird mit Gefängnis von einem Monat bis zu zwei Jahren bestraft[1] [2].

---

seines Vermögens verheimlicht, sowie sich für Beträge als Schuldner angeführt hat, die er in Wirklichkeit nicht schuldet.

Art. 294. Mit den auf betrügerischen Bankrott stehenden Strafen sind zu bestrafen:

1. Wer im Interesse des Gemeinschuldners dessen bewegliche und unbewegliche Güter oder einen Teil davon beiseite schafft oder verheimlicht.
2. Wer im eigenen Namen oder durch vorgeschobene Personen erdichtete Forderungen geltend macht und auf betrügerische Weise in das Gläubigerverzeichnis aufnehmen läſst und ihre Annahme betreibt.
3. Wer unter andern oder erdichteten Namen Handel treibt und sich dabei der im Art. 292 angegebenen Handlungen schuldig macht.

Art. 295. Die Ehefrau, Eltern, Kinder und sonstige Verwandte des Gemeinschuldners, die diesem gehörige Vermögensstücke beiseite schaffen oder verheimlichen, werden, auch wenn sie nicht im Einverständnisse mit dem Angeklagten gehandelt haben, mit den auf Diebstahl stehenden Strafen belegt, wenn sie der bezeichneten Handlungen überführt werden.

Art. 298. Bei der Verwaltung von Konkursgeschäften stimmberechtigte Gläubiger, die in gemeinsüchtiger Absicht und als Belohnung für Abgabe ihrer Stimme zugunsten des Gemeinschuldners mit diesem oder andern Personen Vereinbarungen treffen, oder Gläubiger, die für einen dem Gemeinschuldner zugute kommenden Vorteil sich kraft besonderen Vertrages Geld aus dem Bestande der Masse ausbedingen, werden mit Gefängnis bis zu einem Jahre bestraft. Ist der Gläubiger gleichzeitig Konkursverwalter, so tritt Gefängnisstrafe bis zu zwei Jahren ein.

[1]) Vergl. franz. StrGB. Art. 402 Satz 3.

[2]) Das türk. Handelsgesetzbuch (s. Anm. zu Art. 231) enthält darüber folgende Bestimmungen:

Art. 288. Beim Vorkommen von einfachem Bankrott werden auf Antrag der Konkursverwalter und aller Gläubiger vom Handelsgericht die vorgekommenen Verfehlungen untersucht und auf Veranlassung des Handelsministeriums (Bemerkung des Übersetzers: jetzt des Staatsanwalts) die gesetzlichen Strafen verhängt.

Art. 289. Ein in Konkurs geratener Kaufmann ist des einfachen Bankrotts schuldig, wenn er:

1. in seinen persönlichen Angelegenheiten und denjenigen seines Haushaltes übermäſsigen Aufwand treibt;
2. bei Spekulationsgeschäften oder Differenzhandel mit Waren oder Börsenpapieren übermäſsige Summen verbraucht;
3. in der Absicht, die Eröffnung des Konkursverfahrens hinauszuschieben, Waren kauft und nachher unter dem Werte wieder verkauft, sowie um sich Geld zu verschaffen, Effekten in Umlauf setzt, Darlehen aufnimmt und sich auf andere Manipulationen zum Schaden Dritter einläſst;
4. nach der Zahlungseinstellung zum Schaden der Masse Gläubiger befriedigt.

Art. 290. Des einfachen Bankrotts macht sich ein in Konkurs geratener Kaufmann schuldig, der:

1. für Rechnung anderer, ohne den Gegenwert zu empfangen, Verpflichtungen eingeht, die nicht im Verhältnis zu seiner Vermögenslage stehen;
2. ohne die Bestimmungen des geschlossenen Zwangsvergleichs auszuführen von neuem in Konkurs gerät;
3. binnen drei Tagen nach Zahlungseinstellung nicht die gesetzlich vorgeschriebene Erklärung an das Handelsgericht abgibt oder wenn die Erklärung nicht die Namen aller solidarisch haftenden Gesellschafter enthält;
4. sich ohne gesetzlichen Grund innerhalb der festgesetzten Frist nicht bei

Art. 233. Wer zu betrügerischen Zwecken unter Anwendung von List und Täuschung Gelder, Grundstücke, Schuldverschreibungen, Scheine und sonstige Gegenstände eines andern auf Umwegen sich verschafft, wird mit Gefängnis von drei Monaten bis zu drei Jahren und mit Geldstrafe von einem türkischen Pfunde bis zu fünfzig türkischen Pfunden bestraft.

Ist der Schuldige ein Staatsbeamter, so ist außerdem auf Amtsentlassung zu erkennen[1]).

## Neunter Abschnitt.

### Untreue.

Art. 234. Wer sich unter Ausnutzung der Bedürfnisse, Schwächen und Leidenschaften eines zurechnungsfähigen Jugendlichen zu dessen Nachteil durch arglistige Täuschung von ihm einen in irgend einer Weise angefertigten Schein geben läßt, der eine Verpflichtungserklärung oder ein Empfangsbekenntnis über ein Darlehen, eine Leihe von Sachen oder die Hingabe von Handels- und sonstigen Papieren enthält, wird zu Gefängnis von zwei Monaten bis zu zwei Jahren, zum Ersatz des verursachten Schadens und außerdem zu einer Geldstrafe verurteilt, die den vierten Teil des Schadenersatzbetrages nicht übersteigt, aber auch unter ein türkisches Pfund nicht heruntergeht.

Ist der Schuldige zugleich der gesetzliche Vertreter oder Vormund[2]) des Jugendlichen, so wird die Gefängnisstrafe auf drei Monate bis drei Jahre verlängert[3]).

Art. 235. Wer einen ihm zur Verwahrung anvertrauten, mit Siegel oder Unterschrift in blanco versehenen Schein mißbräuchlich verwendet, indem er in betrügerischer oder diebischer Absicht über das Siegel oder die Unterschrift eine Verpflichtungs- oder Entlastungserklärung setzt oder den Schein sonst in einer Weise ausfüllt, die geeignet ist, den Aussteller persönlich in Ungelegenheit zu bringen oder an seinem Vermögen zu schädigen, wird mit Gefängnis nicht unter sechs Monaten und Geldstrafe von fünf bis zu fünfzig türkischen Pfunden bestraft.

---

den Konkursverwaltern einfindet oder nach Erlangung eines Geleitbriefes nicht erscheint;

5. die vorgeschriebenen Bücher nicht geführt, keine ordnungsgemäfse Bilanz gemacht hat und der, wenn auch ohne betrügerische Absicht, seine Bücher so unordentlich geführt hat, dafs sie keine Übersicht des Vermögenszustandes geben.

Art. 291. Die Konkursverwalter dürfen die Verfolgung wegen einfachen Bankrotts im Namen der Masse nur auf Ermächtigung der Mehrheit der Gläubiger einleiten.

[1]) Vergl. franz. StrGB. Art. 405 Satz 1.

[2]) Siehe über diese Begriffe Anm. zu Art. 40.

[3]) Vergl. franz. StrGB. Art. 406.

Ist der in blanco untersiegelte oder unterschriebene Schein dem Täter nicht zur Verwahrung anvertraut worden, sondern hat dieser ihn sich auf Umwegen verschafft, so wird er wegen der falschen Ausfüllung mit den auf Fälschung[1]) stehenden Strafe bestraft[2]).

Art. 236. Wer Waren, Sachen, Gelder, Anweisungen oder sonstige Verpflichtungs- und Entlastungsscheine jeder Art oder überhaupt solche Gegenstände zum Zwecke der Benachteiligung des Eigentümers beiseite schafft oder verliert, die ihm zur Verwahrung oder auf Grund eines Mandats oder auch für die Ausführung einer besoldeten oder unbesoldeten Dienstleistung mit der Verpflichtung, sie nach Vorlage zurückzubringen oder in bestimmter Art zu verwenden, übergeben worden sind, wird zu Gefängnis von zwei Monaten bis zu zwei Jahren, zur Leistung von Schadenersatz und zu einer Geldstrafe in Höhe eines Viertels der Schadenersatzsumme verurteilt[3]).

Haben im Dienstverhältnisse stehende Personen, Lehrlinge, Schreiber oder Arbeiter zum Zwecke der Benachteiligung ihres Dienstherrn oder Meisters eine solche strafbare Handlung begangen, so tritt neben der Verurteilung zur Schadenersatzleistung, Gefängnisstrafe nicht unter einem Jahre ein[4]).

Art. 237. Wer Scheine oder Papiere, die er während der Verhandlung eines Prozesses bei Gericht eingereicht hat, in irgend einer Weise nachträglich entwendet und beiseite schafft, wird mit Geldstrafe von einem türkischen Pfund bis zu fünfzehn türkischen Pfunden bestraft[5]).

## Zehnter Abschnitt.

### Missbräuche bei Versteigerungen und im kaufmännischen Verkehr.

Art. 238. Wer bei den im Wege der öffentlichen Versteigerung erfolgenden Verkäufen, Vermietungen und Verpachtungen von beweglichen und unbeweglichen Gütern das Ergebnis der Versteigerung durch Reden oder Handlungen ungünstig beeinflußt, wird mit Gefängnis von fünfzehn Tagen bis zu drei Monaten und mit Geldstrafe von einem türkischen Pfund bis zu hundert türkischen Pfunden bestraft[6]).

Art. 239. Mit Gefängnis von einem Monat bis zu einem Jahre und Geldstrafe von fünf bis zu hundert türkischen Pfunden wird bestraft, wer es unternimmt, die Preise, die der freie Handelswettbewerb für Waren und Gegenstände oder Staatspapiere und -effekten festsetzt, dadurch in die Höhe zu schrauben oder herabzudrücken,

---

[1]) Siehe oben Art. 148.

[2]) Vergl. franz. StrGB. Art. 407.

[3]) Vergl. hierzu auch Urheberrechtsgesetz vom 12. Djemazi-ül-evel 1328 (1910) Art. 34 (s. unten Anhang IV).

[4]) Vergl. franz. StrGB. Art. 408 Satz 1 und 2.

[5]) Vergl. franz. StrGB. Art. 409 Satz 1.

[6]) Vergl. franz. StrGB Art. 412 Satz 1.

daß er vorsätzlich der Wahrheit nicht entsprechende oder verleumderische Nachrichten im Publikum verbreitet oder die vom Verkäufer geforderten Preise noch überbietet oder sich mit den hauptsächlichsten Verkäufern einer Waren- oder Lebensmittelgattung zusammentut, um diese nicht zu verkaufen oder ihren Verkauf zu einem über eine gewisse Grenze hinausgehenden Preise zu verhindern, oder sonstige betrügerische Mittel anwendet.

Geschieht dies bei Lebensmitteln und Gegenständen, die zu den wichtigsten Bedürfnissen der Bevölkerung gehören, wie Fleisch, Brot, Holz und Kohle, so werden die oben bezeichneten Strafen verdoppelt[1]).

Art. 240. Wer einen Käufer über den Feingehalt von Gold oder Silber oder über die wahre Natur eines für echt verkauften falschen Steines oder anderer Waren irgendwelcher Art täuscht, oder wer falsche Maße und Gewichte gebraucht und dadurch in bezug auf den Wert der verkauften Waren einen Betrug begeht, wird zu Gefängnis von drei Monaten bis zu einem Jahre, zum Ersatz des verursachten Schadens und außerdem zu einer Geldstrafe verurteilt, die den vierten Teil des Schadenersatzbetrages nicht übersteigt, in jedem Falle aber nicht unter drei türkische Pfunde heruntergeht. Die falschen Maße und Gewichte werden zugleich zerbrochen und vernichtet[2]).

Art. 241. Wer unter Verletzung des Urheberrechts ein Buch druckt oder drucken läßt[3]) oder wer einen Gegenstand herstellt oder herstellen läßt, dessen Anfertigung oder Ausführung einem einzelnen oder einer Gesellschaft als Privileg zugestanden ist, wird wegen Nachahmung mit Geldstrafe von fünf bis zu hundert türkischen Pfunden bestraft; zugleich werden die nachgedruckten Bücher oder sonstigen nachgeahmten Gegenstände zu Gunsten des Privileginhabers mit Beschlag belegt.

Gleiche Strafe tritt ein für diejenigen, die derartige im Auslande gedruckte oder verfertigte Gegenstände in die Türkei einführen.

Mit Geldstrafe von einem türkischen Pfund bis zu fündundzwanzig türkischen Pfunden wird bestraft, wer derartige Druckwerke und Fabrikate wissentlich verkauft[4]).

## Elfter Abschnitt.

### Glücksspiel und Lotterien.

Art. 242. Wer aus dem Glücksspiele ein Gewerbe macht und das Publikum an einem dazu bestimmten Orte zur Teilnahme an Glücksspielen auffordert und aufnimmt, wird ebenso wie derjenige,

---

[1]) Vergl. franz. StrGB. Art. 419 und 420.

[2]) Vergl. franz. StrGB. Art. 423.

[3]) Jetzt ersetzt durch das Urheberrechtsgesetz vom 12. Djemazi-ül-evel 1328 (1910) (siehe unten Anhang IV). Warum diese, mit dem genannten Gesetze in Widerspruch stehende Bestimmung, durch die Strafgesetznovelle nicht ausgemerzt worden ist, erscheint unverständlich.

[4]) Für Verletzung von Markenschutz- und Patentrechten gelten besondere Vorschriften. Bezüglich der ersteren vergl. Markenschutzgesetz vom 29. Schaban 1305

welcher dort als Bankier Geld gibt, mit Gefängnis von einem Monat bis zu sechs Monaten und Geldstrafe von einem türkischen Pfund bis zu fünfzig türkischen Pfunden bestraft.

Zugleich werden die am Orte des Glücksspiels vorgefundenen Gelder und Gegenstände sämtlich behördlicherseits beschlagnahmt[1])[2]).

Art. 243. Wer Lotterien veranstaltet, wird gleichfalls mit Gefängnis von einem Monat bis zu sechs Monaten und Geldstrafe von einem türkischen Pfund bis zu fünfzig türkischen Pfunden bestraft.

Zugleich werden die für die Lotterie verwendeten Gelder und Gegenstände behördlicherseits beschlagnahmt[3])[4]).

---

(1888) Art. 14 und 18 (s. oben Anm. 2 zu Art. 150). Die betreffenden Bestimmungen des Patentgesetzes vom 11. Rebi-ül-achyr 1297 (1879) lauten:

Art. 43. Wer das Patentrecht eines andern durch Verfertigung der patentierten Sache oder durch Gebrauch der den Gegenstand des Patentrechtes bildender Mittel verletzt, macht sich des Vergehens der Nachahmung schuldig und wird deshalb mit Geldstrafe von fünf bis zu hundert türkischen Pfunden bestraft.

Art. 44. Mit den auf Nachahmung stehenden Strafen wird gleichfalls bestraft, wer eine nachgeahmte Sache wesentlich verbirgt, verkauft, in den Handel bringt oder in die Türkei einführt.

Art. 47. Im Rückfalle wird aufser den in den Art. 43 und 44 festgesetzten Geldstrafen auf Gefängnis von einem Monat bis zu sechs Monaten erkannt Rückfall liegt vor, wenn die bezichtigte Person wegen eines der in diesem Gesetz bezeichneten Vergehen in den fünf vorhergehenden Jahren verurteilt worden ist

Ist die der Nachahmung beschuldigte Person ein Arbeiter oder ein in der Fabrik oder dem Atelier des Patentinhabers gegen Lohn Angestellter oder hat der Beschuldigte sich mit einem Arbeiter oder Angestellten des Patentinhabers zusammengetan und sich auf diese Weise Kenntnis der patentierten Herstellungsart verschafft, so wird er als Teilnehmer an der strafbaren Handlung angesehen und aufserdem mit Gefängnis von einem Monat bis zu sechs Monaten bestraft.

Art. 60. Die laut Gerichtsbeschlufs als nachgeahmt anzusehenden Gegenstände werden ebenso wie die zu ihrer Herstellung bestimmten Geräte und Werkzeuge eingezogen, selbst wenn die der Nachahmung, des Verbergens, der Einfuhr oder des Verkaufs bezichtigte Person Freisprechung erlangt. Die eingezogenen Gegenstände sind unbeschadet eines etwaigen Schadenersatzanspruches dem Patentinhaber auszufolgen; aufserdem kann das darauf bezügliche Urteil auf gerichtliche Anordnung an die Gerichtstafeln angeschlagen werden.

[1]) Vergl. franz. StrGB. Art. 410 Satz 1 und 3.

[2]) Die Hälfte der beschlagnahmten Gelder soll dem Staate, die andere Hälfte den die Beschlagnahme bewirkenden Polizeibeamten zufallen (Grofswesiratserlafs vom 25. Teschrin-i-evel 1289 (1873) (abgedruckt im Düstur, Bd. IV Seite 617).

[3]) Vergl. franz. StrGB. Art. 410.

[4]) Diese Bestimmung bezieht sich nicht auf Lotterien, die mit obrigkeitlicher Erlaubnis veranstaltet werden und für wohltätige Zwecke bestimmt sind. (Erlafs des Justizministeriums vom 29. Rebi-ül-achyr 1298 (1880) (abgedruckt in der „Gerichtszeitung" Nr. 86 Seite 684).

Für Lotterien, die für Bedürfnisse der verschiedenen Gemeinden und für öffentliche Zwecke bis zu einem Betrage von 50000 Piastern veranstaltet werden, ist die Erlaubnis nach Prüfung von seiten der Ortsbehörden zu erteilen; bei höheren Beträgen ist die Erlaubnis des Handelsministeriums einzuholen. (Erlafs des Justizministeriums vom 22. Schubat 1298 [1880].)

## Zwölfter Abschnitt.

### Sachbeschädigung.

Art. 244. Wer landwirtschaftliche Geräte und Werkzeuge, Hürden und Hütten von Feldwächtern zerstört, wird zur Leistung von Schadenersatz und zu Gefängnis von einer Woche bis zu sechs Monaten verurteilt[1]).

Art. 245. Wer einem andern gehörige Reit- oder Wagenpferde oder sonstige Zug-, Last- oder Reittiere oder Schlachtvieh aller Art ohne genügenden Grund vorsätzlich tötet, wird in folgender Weise bestraft:

Ist die Tat in den Ställen, Hürden und sonstigen Nebengebäuden oder auf den Fluren des Besitztums geschehen, dessen Eigentümer, Pächter, Mieter oder Meier der Herr der getöteten Tiere ist, so tritt Gefängnisstrafe von einem Monat bis zu sechs Monaten ein.

Ist die Tat an einem Orte geschehen, dessen Eigentümer, Pächter, Mieter oder Meier der Schuldige ist, so wird auf Gefängnisstrafe von einer Woche bis zu einem Monat erkannt.

Ist die Tat an sonst einem Orte geschehen, so steht Gefängnis von fünfzehn Tagen bis zu anderthalb Monaten darauf.

Wer die genannten Tiere durch Gift umgebracht hat, wird in jedem Falle mit Gefängnis von drei Monaten bis zu zwei Jahren bestraft.

Außerdem ist in allen aufgeführten Fällen auf Schadenersatzleistung und Geldstrafe von einem Medjidijé Silber[2]) bis zu zwei türkischen Pfunden zu erkennen[3]).

Art 246. Wer die als Grenzmarken für fremde Grundstücke und Fluren dienenden Gräben ausfüllt oder wer die aus grünen oder toten Hecken oder in sonstiger Weise gebildeten Umzäunungen zerstört, wird zu Gefängnis von einer Woche bis zu drei Monaten, zu Schadenersatzleistung und außerdem zu einer Geldstrafe bis zur Höhe des vierten Teils des Schadenersatzbetrages verurteilt[4]).

Art. 247. Eigentümer oder Pächter von Wassermühlen und sonstigen mit Wasserkraft betriebenen Werken oder von Wasserbecken und künstlichen Teichen, die in unvorschriftsmäßiger Weise für den Abfluß des Wassers gesorgt haben, so daß Wege oder fremde Felder überschwemmt werden, sind zur Schadenersatzleistung und außerdem zu einer Geldstrafe bis zur Höhe des vierten Teils des Schadenersatzbetrages zu verurteilen[5]).

Art. 248. Mit Gefängnis von drei Tagen bis zu einer Woche und Geldstrafe von einem türkischen Pfund bis zu fünfundzwanzig türkischen Pfunden wird bestraft, wer dadurch einen Brand verursacht hat, daß er die Reinigung und Ausbesserung von Öfen, Kaminen und

[1]) Vergl. franz. StrGB. Art. 451.
[2]) Siehe Anmerkung zu Art. 215.
[3]) Vergl. franz. StrGB. Art. 452 und 453.
[4]) Vergl. franz. StrGB. Art. 456.
[5]) Vergl. franz. StrGB. Art. 457.

sonstigen Feuerstätten unterlassen, auf den Feldern in der Nähe von Häusern, sonstigen Bauwerken, Wäldern, Weinbergen, Gärten, Stroh- und Heuschobern oder überhaupt feuergefährlichen Gegenständen Feuer angezündet, innerhalb eines Stadtviertels Feuerwerk abgebrannt oder in ähnlicher Weise eine Unvorsichtigkeit begangen hat[1]).

Art. 249. Wer ihm nicht gehörige Herbergen, Häuser und Gebäude aller Art, Wege, Brücken, Quellen, Wasserleitungen und andere Bauwerke in irgend einer Weise vorsätzlich zerstört oder beschädigt, wird zu Gefängnis von drei Monaten bis zu zwei Jahren, zu Schadenersatzleistung und außerdem zu einer Geldstrafe in Höhe eines Viertels des Schadenersatzbetrages verurteilt.

Ist eine Tötung oder Körperverletzung dabei vorgekommen, so treten noch die hierfür geltenden besonderen Strafen ein[2]).

Art. 250. Wer der Errichtung von staatlicherseits genehmigten Bauwerken tätlichen Widerstand entgegensetzt, wird zu Gefängnisstrafe von einem Monat bis zu einem Jahre, zum Ersatz des infolge der Hinderung entstandenen Schadens und außerdem zu Geldstrafe bis zur Höhe des vierten Teils des Schadenersatzbetrages verurteilt[3]).

Art. 251. Mit Gefängnis von einem Jahre bis zu drei Jahren und Geldstrafe von einem türkischen Pfund bis zu fünfzehn türkischen Pfunden wird bestraft, wer, sei es dem Staate gehörige Bücher, Scheine, Register und andere amtliche Akten, sei es Wechsel und Verpflichtungsscheine des kaufmännischen und Bankverkehrs oder überhaupt Akten aller Art, dessen Verlust Schaden verursachen würde, vorsätzlich verbrennt oder auf irgend eine Weise vernichtet[4]).

Art. 252. Wenn mehrere gemeinschaftlich unter offener Anwendung von Zwang und Gewalt fremde Güter, Waren und Ernten plündern, zerstören oder beschädigen, so werden sie zu zeitiger Zwangsarbeit und Schadenersatzleistung verurteilt. Zugleich hat jeder von ihnen eine Geldstrafe von einem türkischen Pfund bis zu fünfzig türkischen Pfunden zu zahlen. Wer beweisen kann, daß er an den Plünderungen auf Anstiften und Drängen eines andern teilgenommen hat, wird mit Gefängnis von einem Jahre bis zu drei Jahren bestraft[5]).

*Zusatz: Mit Gefängnis von einem Monat bis zu sechs Monaten wird bestraft, wer in fremdem Eigentum stehende unbewegliche Güter, ohne einen auf seinen Namen lautenden Grundstückstitel zu besitzen, eigenmächtig und rechtswidrig mit Beschlag belegt oder deren Grenzen in eigennütziger Absicht verändert oder verrückt.*

*Ist es dabei zu Gewalttätigkeiten gekommen oder sind Drohungen an-*

---

[1]) Vergl. franz. StrGB. Art. 458.
[2]) Vergl. franz. StrGB. Art. 437.
[3]) Vergl. franz. StrGB. Art. 438.
[4]) Vergl. franz. StrGB. Art. 439.
[5]) Vergl. franz. StrGB. Art. 440 und 441.

*gewendet worden, so tritt Gefängnisstrafe von zwei Monaten bis zu einem Jahre ein.*

*Wird die Tat von mehreren begangen, von denen auch nur einer bewaffnet ist, so wird die Strafe auf Gefängnis von sechs Monaten bis zu drei Jahren erhöht.*

*Art. 253. Wer noch nicht abgeerntete Feldfrüchte, wildwachsende oder angepflanzte Bäume oder andere Gewächse abschneidet und vernichtet oder einzig und allein in der Absicht, solche Gegenstände zu zerstören, sein Vieh frei herumlaufen läßt, wird mit Gefängnis von einer Woche bis zu drei Monaten bestraft.*

*Werden derartige Handlungen an angepflanzten Weinstöcken, an Bäumen, die für Handel, Gewerbe und Landwirtschaft nutzbar sind, an Obstbäumen und -sträuchern vorgenommen, so tritt Verurteilung zu Gefängnisstrafe von einem Monat bis zu zwei Jahren und zu Geldstrafe von einem türkischen Pfund bis zu fünfzig türkischen Pfunden ein.*

Alte Fassung: Wer noch nicht abgeerntete Feldfrüchte, wild wachsende oder gepflanzte Bäume oder andere Gewächse abschneidet und vernichtet, wer die auf Bäume aufgesetzten Pfropfreiser verdirbt oder wer Weinbergen und Gärten Schaden zufügt, wird zu Gefängnisstrafe von einer Woche bis zu fünfzehn Tagen und zur Schadenersatzleistung verurteilt[1]).

[1]) Vergl. franz. StrGB. Art. 444.

# Dritter Teil.

## Übertretungen der im Interesse der öffentlichen Sicherheit und Reinlichkeit getroffenen Anordnungen und Polizeiverordnungen.

Art. 254. Mit Geldstrafe von einem Beschlik[1]) bis zu fünf Beschliks wird bestraft:

Wer als Herbergs- oder Gasthofsbesitzer es trotz polizeilicher Aufforderung verabsäumt hat, zur Nachtzeit Laternen anzuzünden;

wer ohne zwingende Notwendigkeit Gegenstände so hinlegt oder liegen läßt, daß dadurch der freie Verkehr gehindert wird;

wer genötigt war, auf Straßen oder Plätze Gegenstände hinzulegen oder an Orten, an welchen Menschen verkehren, Wasserleitungs- oder Abzugskanäle aufzugraben, die zur Nachtzeit offen geblieben sind und es unterlassen hat, an den hingelegten Gegenständen oder aufgegrabenen Stellen Lichter oder Laternen anzubringen, um einen Unfall der Passanten zu verhüten;

wer den Verordnungen über Wege und Straßen zuwiderhandelt oder die von behördlicher Seite ergangenen Aufforderungen, Gebäude, welche einzustürzen drohen, auszubessern oder niederzureißen, nicht befolgt;

wer Kehricht oder andere die Luft verpestenden Gegenstände auf die Straße wirft;

wer aus Unachtsamkeit Kehricht oder Schmutz über jemanden ausschüttet;

wer Gegenstände auf die Straße fallen läßt, die geeignet sind, die Passanten zu verletzen;

wer die von Zivil- und städtischen Behörden erlassenen Verordnungen unbeachtet läßt[2]).

*Art. 255. Mit Geldstrafe von einem Beschlik bis zu fünf Beschliks werden Gewerbetreibende bestraft, welche mit Feuer zu tun haben und es unterlassen, die Öfen und Kamine ihrer Läden, Backöfen und Fabriken von Zeit zu Zeit zu reinigen und auszubessern.*

*Wer innerhalb von Städten, Dörfern und Flecken an Stellen, wo ein Schaden entstehen könnte, Feuerwerkskörper abbrennt, wird mit Gefängnis von vierundzwanzig Stunden bis zu drei Tagen und Geldstrafe von fünf bis zu zehn Beschliks bestraft.*

*Wer innerhalb von Städten, Dörfern und Flecken ohne zwingende Notwendigkeit Schießwaffen abfeuert, wird mit Gefängnis von vierundzwanzig*

[1]) 1 Beschlik = 5 Piaster (ca. 1 Frank).

[2]) Vergl. franz. StrGB. Art. 471, Ziffer 3–6 und 15.

*Stunden bis zu einem Monat und mit Geldstrafe von einem türkischen Pfunde bis zu drei türkischen Pfunden bestraft.*

Alte Fassung: Gewerbetreibende, die mit Feuer zu tun haben und es unterlassen, die Oefen und Kamine ihrer Läden, Backöfen und Fabriken von Zeit zu Zeit zu reinigen und auszubessern, ebenso diejenigen, welche in bewohnten Quartieren und an Stellen, wo ein Schaden entstehen könnte, Feuerwerkskörper abbrennen, ferner diejenigen, welche innerhalb von Städten, Flecken und Dörfern Pistolen und Gewehre abschießen, werden mit Geldstrafe von einem Beschlik bis zu fünf Beschliks und außerdem mit Gefängnis von vierundzwanzig Stunden bis zu drei Tagen bestraft[1]).

Art. 256. Mit Geldstrafe von sechs bis zu zehn Beschliks wird bestraft:

Wer als Herbergs- oder Gasthofsbesitzer oder überhaupt Vermieter von Stuben es verabsäumt hat, seine Gäste einzutragen oder die vorschriftsmäßig zu haltenden Register den Beamten zu gebotener Zeit vorzulegen[2]);

wer an verkehrsreichen Stellen ein Pferd zum Laufen antreibt;

wer seiner Aufsicht unterstehende Geisteskranke oder bösartige und reißende Tiere frei umherlaufen läßt;

wer sich weigert, staatliche Geldmünzen zu dem ihnen beigelegten Werte anzunehmen;

wer sich weigert oder es unterläßt, bei einem großen Unglücksfalle, bei Boots- und Schiffsunglücken, Überschwemmungen, Feuersbrünsten und andern Nöten, bei Plünderungen und Räubereien, bei Ertappung eines Verbrechers auf frischer Tat und bei Hilferufen den erbetenen Beistand zu leisten, obwohl er zu helfen imstande ist[3]).

Art. 257. Früchte und andere Nahrungsmittel, deren Genuß gesundheitsschädlich ist oder die beim Lagern in den Läden verdorben sind und die Luft verpesten, sind in das Meer, oder in die Flüsse zu werfen oder aus der Stadt hinaus zu schaffen, und wer sie verkauft, wird mit Geldstrafe von sechs bis zu zehn Beschliks bestraft[4]).

Art. 258. Wer vorsätzlich Steine oder andere harte Körper oder Unrat auf Menschen, fremde Häuser oder Bauwerke sonstiger Art oder in Höfe oder Gärten wirft, wer in Räumlichkeiten eindringt oder Orte betritt, ohne das Recht dazu zu besitzen, wird mit Geldstrafe von sechs bis zu zehn Beschliks und außerdem mit Gefängnis von vierundzwanzig Stunden bis zu fünf Tagen bestraft.[5])

Art. 259. Zur Schadenersatzleistung und zugleich zu Geldstrafe von zehn bis zu fünfzehn Beschliks ist zu verurteilen, wer fremde

[1]) Vergl. franz. StrGB. Art. 471 Ziffer 1—2.

[2]) Vergl. auch Art. 3 der Verordnung vom 22. Rebi-ül-evel 1330 (1912) (siehe Anmerkung zu Art. 99 Zusatz III).

[3]) Vergl. franz. StrGB. Art. 475, Ziffer 2, 4, 7, 11 und 12.

[4]) Vergl. franz. StrGB. Art. 475, Ziffer 14.

[5]) Vergl. franz. StrGB. Art. 475 Ziffer 8 und 9.

bewegliche Güter vorsätzlich beschädigt und wer durch Umherlaufenlassen von Geisteskranken oder bösartigen und reißenden Tieren, durch übermäßiges Antreiben zum Laufen, zu starkes Beladen, Werfen mit Steinen und andern harten Körpern oder durch Auswerfen von Gräben den Tod eines in fremdem Eigentum stehenden Tieres herbeiführt oder seine Verletzung verursacht[1]).

Art. 260. Wer ohne Grund ruhestörenden Lärm verursacht oder auf obrigkeitlichen Befehl angeklebte Anschlagzettel vorsätzlich herunterreißt, wird mit Geldstrafe von zehn bis zu fünfzehn Beschliks und Gefängnisstrafe von drei Tagen bis zu einer Woche bestraft[2]).

Art. 261. Wer über fremde umfriedete oder bebaute oder solche Ländereien, auf denen sich Sämereien und Feldfrüchte befinden, oder über Weinberge und Gärten Vieh treibt, wird zu Geldstrafe von zehn bis zu fünfzehn Beschliks und zur Schadenersatzleistung verurteilt[3]).

Art. 262. Wer in seinem Laden oder Geschäft, auf dem Markte, im Bazar oder auf Messen falsche Gewichte, unrichtige Wagen und falsche Maße führt oder wer andere als die vorschriftsmäßigen Gewichte und Maße gebraucht, wird mit Geldstrafe von zehn bis zu fünfzehn Beschliks bestraft. Zugleich werden die Gewichte und Maße eingezogen[4]).

Art. 263. Wer Waren zu einem höheren als dem behördlich festgesetzten und bekannt gegebenen Preise verkauft, wird mit Geldstrafe von zehn bis zu fünfzehn Beschliks und Gefängnis von vierundzwanzig Stunden bis zu drei Tagen bestraft. Handelt es sich dabei um Waren, die zu den wichtigsten Bedürfnissen der Bevölkerung gehören, wie Brot, Fleisch, Holz und Kohlen, so ist auf Gefängnis von drei Tagen bis zu einer Woche und Geldstrafe von fünfzehn bis zu zwanzig Beschliks zu erkennen[5]).

Art. 264. Wer öffentliche Wege, Plätze, Promenaden und dergleichen für die Allgemeinheit bestimmte Orte beschädigt oder in ihrer Breite beschneidet, wird mit Gefängnis von drei Tagen bis zu einer Woche und Geldstrafe von fünfzehn bis zu zwanzig Beschliks bestraft. Zugleich hat er die Ausbesserungskosten zu ersetzen oder das genommene Stück zurückzugeben[6]).

Zusatz[7]): Wer an gesetzlich verbotenen Orten Tote bestattet oder bestatten läßt oder zu einer solchen Bestattung die Erlaubnis erteilt, wird mit Gefängnis von einem Monat bis zu einem Jahre und

---

[1]) Vergl. franz. StrGB. Art. 479 Ziffer 1 und 2.
[2]) Vergl. franz. StrGB. Art. 479 Ziffer 8 und 9.
[3]) Vergl. franz. StrGB. Art. 471 Ziffer 14.
[4]) Vergl. franz. StrGB. Art. 479 Ziffer 5 und 6, Art. 481.
[5]) Vergl. franz. StrGB. Art. 479 Ziffer 6 Satz 2.
[6]) Vergl. franz. StrGB. 479 Ziffer 11.
[7]) Geschaffen durch Gesetz vom 4. Muharrem 1286 (1870).

Geldstrafe von einem türkischen Pfund bis zu zehn türkischen Pfunden bestraft.

*Art. 265. Wer an, dem öffentlichen Verkehr dienenden Orten oder dem Publikum zugänglichen Plätzen in ganz auffälliger Weise — d. h. in einem Grade, daß es nicht mehr möglich ist, die Anzeichen und Merkmale zu verheimlichen — betrunken angetroffen wird, wird mit Geldstrafe bis zu einem türkischen Pfunde bestraft. Für Rückfällige besteht die Strafe in Gefängnis bis zu einer Woche oder in Geldstrafe bis zu fünf türkischen Pfunden. Ist der Rückfall zur Gewohnheit geworden, so tritt Geldstrafe von fünf bis zu fünfundzwanzig türkischen Pfunden oder Gefängnisstrafe von einer Woche bis zu einem Monat ein. Wenn die als Gewohnheitstrinker verurteilte Person ein Staatsbeamter ist, so kann auch auf zeitweilige Amtsenthebung erkannt werden.*

*Ist die gewohnheitsmäßige Trunkenheit in Trunksucht ausgeartet, so ist die betreffende Person für eine Zeit von nicht weniger als sechs Monaten auf ihre Kosten bis zu ihrer ärztlicherseits erklärten Besserung einer Anstaltsbehandlung zu überweisen.*

*Wer jugendlichen Personen, die ganz offensichtlich das achtzehnte Lebensjahr noch nicht vollendet haben, berauschende Getränke — von Spirituosen, die zur Behandlung und Kräftigung des Körpers dienen, abgesehen — zu trinken gibt, oder wer sie zum Trinken in gastfreier Weise ermuntert, wird, selbst wenn dies ohne böse Absicht geschehen ist, mit Geldstrafe von fünfundzwanzig Piastern bis zu einem türkischen Pfund und, wenn dabei eine Täuschung angewendet worden ist, mit Geldstrafe bis zu zehn türkischen Pfunden bestraft. Ist der Täter Eigentümer oder Angestellter eines Schanklokals, so wird er mit Geldstrafe von einem türkischen Pfund bis zu zwanzig türkischen Pfunden und Gefängnis von vierundzwanzig Stunden bis zu sechs Monaten bestraft. Ist er innerhalb eines Jahres rückfällig geworden, so kann das Urteil auch Schließung des Lokals auf angemessene Zeit aussprechen.*

*Hat der Eigentümer oder Angestellte eines Schanklokals einem in der geschilderten Weise betrunkenen Gaste alkoholische Getränke oder berauschende Stoffe verabreicht, so wird er mit Geldstrafe von fünfundzwanzig Piastern bis zu fünf türkischen Pfunden und im Wiederholungsfalle mit Geldstrafe von zwei bis zu zehn türkischen Pfunden bestraft; zugleich kann auf Schließung des Lokals für angemessene Zeit erkannt werden. Ergreift er nicht Maßregeln zum Schutze eines Gastes, der sich in einem derartigen Zustande befindet, daß er die Herrschaft über sich selbst verloren hat, sondern läßt er ihn auf die Straße hinaus, so wird neben der aufgeführten Strafe noch auf Gefängnisstrafe von vierundzwanzig Stunden bis zu einem Monat erkannt; und wenn der Betrunkene sich infolge davon eine Krankheit zugezogen hat, so tritt außerdem Verurteilung zum Ersatz der Behandlungskosten ein.*

# Anhang I.

# Prefsgesetz

vom 11. Redjeb 1327 (29. Juli 1909)

## Erster Abschnitt.

### Art der Herausgabe.

Art. 1. Jede Zeitung und jede täglich oder periodisch erscheinende Zeitschrift muß einen verantwortlichen Leiter besitzen.

Art. 2. Jeder ottomanische Untertan, der das einundzwanzigste Lebensjahr vollendet hat, und weder entmündigt, noch der bürgerlichen Ehrenrechte beraubt, noch wegen einer ehrlosen Handlungsweise, wie Fälschung, Betrug, Untreue verurteilt worden ist, kann, sofern er sich den Bestimmungen des vorliegenden Gesetzes unterwirft, verantwortlicher Leiter einer Zeitung oder einer täglich oder periodisch erscheinenden Zeitschrift sein.

Der verantwortliche Leiter muß die Sprache, in der seine Zeitung oder Zeitschrift erscheint, so beherrschen, daß er sie schreiben kann[1]).

Art. 3. Wer eine Zeitung oder eine täglich oder periodisch erscheinende Zeitschrift herausgeben will, hat in Konstantinopel beim Ministerium des Innern, in den Provinzen beim Wali[2]) oder Mutassarif[3]) eine mit seiner Unterschrift und der Unterschrift des

---

[1]) Art. 2 ist durch provisorisches Gesetz vom 26. Rebi-ül-achyr 1330 (16. März 1912) folgendermafsen abgeändert worden:

„Der verantwortliche Leiter einer in Konstantinopel oder in den Provinzen herausgegebenen täglichen oder periodischen Zeitung oder Zeitschrift mufs ottomanischer Untertan sein, das einundzwanzigste Lebensjahr vollendet haben, weder entwürdigt, noch der bürgerlichen Ehrenrechte beraubt, noch wegen einer ehrlosen Handlungsweise, wie Fälschung, Betrug, Untreue, verurteilt worden sein. Das Diplom einer Hochschule oder die Lehrbefähigung besitzen, oder mit dem Abgangszeugnis einer höheren Lehranstalt mit siebenjährigem Unterrichtskursus versehen sein oder einen gleichwertigen Unterricht auf andern Schulen genossen haben.

Der Eigentümer einer solchen Zeitung oder Zeitschrift ist verpflichtet in Konstantinopel 500, in den Provinzen 100 und falls es sich um periodische Druckschriften politischen Inhalts handelt, in Konstantinopel 200 und in den Provinzen 50 türkische Pfund als Kaution zu hinterlegen.

Diesen Bedingungen nicht unterworfen sind die zurzeit herausgegebenen Zeitungen und periodischen politischen Zeitschriften."

[2]) = Provinzialstatthalter, Oberpräsident.

[3]) Entspricht etwa dem preufsischen Regierungspräsidenten.

verantwortlichen Leiters versehene Erklärung einzureichen, in welcher anzugeben ist:

1. Der Titel der Zeitung oder Zeitschrift;
2. der Ort der Herausgabe;
3. die Art des Inhalts;
4. die Zeit des Erscheinens;
5. der Name und Beiname, das Alter, der Wohnort und die Staatsangehörigkeit des Herausgebers;
6. der Name und Beiname, das Alter, der Wohnort und die Staatsangehörigkeit des verantwortlichen Leiters;
7. die Sprache, in der die Zeitung erscheinen soll.

Über die Einreichung wird eine Bescheinigung erteilt.

Art. 4. Wird eine Zeitung oder Zeitschrift vor Einreichung der im vorhergehenden Artikel erwähnten Bescheinigung herausgegeben, so ist sie sofort zu suspendieren und zugleich ist gerichtlicherseits auf Geldstrafe von fünf bis zu fünfzig türkischen Pfunden zu erkennen. Im Wiederholungsfalle tritt Verurteilung von zehn bis zu hundert türkischen Pfunden oder Gefängnis von vierundzwanzig Stunden bis zu einem Monat ein.

Erfordert der Inhalt der fraglichen Zeitung oder Zeitschrift nach dem Gesetz eine schwerere Bestrafung, so ist diese anzuwenden.

Wenn der Inhalt der Erklärung der Wahrheit nicht entspricht oder wenn der Erklärung zuwidergehandelt wird, so wird in der Weise verfahren, als ob keine Erklärung eingereicht worden wäre.

Art. 5. Jede herausgegebene Zeitung oder tägliche oder periodische Zeitschrift ist Eigentum des Herausgebers. Das Eigentum ist übertragbar.

Beim Tode des Herausgebers geht sie nach den für die Mülk-Grundstücke[1]) geltenden erbrechtlichen Bestimmungen auf die Erben über und die Veröffentlichung erfolgt weiter unter der Verantwortung des verantwortlichen Leiters.

Art. 6. Der Titel einer Zeitung oder periodischen Zeitschrift darf von einem Dritten nicht in gleichlautender oder zur Verwirrung Anlaß gebenden abgeänderten Form benutzt werden. Dies gilt nicht für Zeitungen und periodische Zeitschriften, die seit fünfzehn Tagen nicht mehr erschienen sind.

Art. 7. Im Falle der Demission, des Todes oder der Absetzung des verantwortlichen Leiters durch gerichtliches Urteil muß binnen höchstens fünf Tagen der zuständigen Stelle Anzeige erstattet werden. Das Gleiche gilt, wenn sich sonstige Tatsachen ändern, die zur Unterlage für die gemäß Artikel 3 aufzustellende Erklärung gedient haben. Wird die Veröffentlichung fortgesetzt, ohne daß diese Bestimmung erfüllt ist, so wird gemäß Artikel 4 verfahren.

---

[1]) D. s. Grundstücke, die in vollem Privateigentum des Erwerbers stehen, im Gegensatz zu dem im Obereigentum des Staates oder der toten Hand befindlichen Grundstücken.

## Zweiter Abschnitt.

### Strafbestimmungen.

Art. 8. Von jeder Nummer einer Zeitung oder täglich oder periodisch erscheinenden Zeitschrift sind am Tage der Veröffentlichung je zwei, vom verantwortlichen Leiter unterschriebene Exemplare dem höchsten Beamten des Ministeriums des Innern am Orte, sowie dem Staatsanwalt zu übersenden. Bei Zuwiderhandlungen hat der verantwortliche Leiter für jede nicht eingesandte Nummer ein halbes türkisches Pfund Strafe zu zahlen.

Art. 9. Für Zeitungen und periodische Zeitschriften, die erscheinen, ohne am Fuß oder am Kopf den Namen des verantwortlichen Leiters aufzuweisen, ist ein türkisches Pfund Geldstrafe zu zahlen, unbeschadet der besonderen Verantwortlichkeit des Leiters wegen des Inhalts.

Art. 10. Wer auf Straßen und an öffentlichen Orten Zeitungen, periodische Zeitschriften oder andere geschriebene oder gedruckte Blätter verkauft oder verteilt, darf nur die Titel, die Namen der Verfasser und Redakteure, sowie die Preise ausrufen. Es ist verboten, gegen die guten Sitten verstoßende Namen und Titel zu verwenden oder die Käufer durch Mitteilungen oder Ausrufe anzulocken, die geeignet sind, die Ehre oder das Ansehen einer Person oder einer Körperschaft zu verletzen oder im allgemeinen die Gemüter zu erregen. Zuwiderhandelnde werden mit Geldstrafe von fünfundzwanzig Piastern bis zu einem türkischen Pfunde oder mit Gefängnis von vierundzwanzig Stunden bis zu einer Woche bestraft.

Art. 11. Etwaige wegen des Inhalts der Zeitungen oder täglich oder periodisch erscheinenden Zeitschriften verhängte Strafen sind aufzuerlegen:

1. Dem verantwortlichen Leiter oder Herausgeber;
2. dem sich durch seine Unterschrift als solchen bezeichnenden Verfasser des Artikels;
3. dem Drucker;
4. dem Verkäufer oder Verteiler.

Solange indessen die Strafverfolgung gegen die zu einer der genannten Kategorien gehörigen Personen nicht unmöglich ist, darf die folgende Kategorie nicht haftbar gemacht werden. Der Verfasser des Artikels und der Herausgeber, sofern er ein anderer ist als der verantwortliche Leiter, gelten jedoch stets als Mittäter. Für Schadenersatzleistung ist der Eigentümer der Zeitung oder Zeitschrift ebenfalls verantwortlich.

Art. 12. Wenn jemand sich infolge einer Veröffentlichung in einer Zeitung oder täglich oder periodisch erscheinenden Zeitschrift materiell oder moralisch geschädigt glaubt, so kann er gegen die gemäß Art. 1 verantwortlichen Personen gerichtlich auf Schadenersatz klagen, ohne Protest erheben zu müssen[1]). Das Gericht hat nach Verhandlung nicht nur über die Leistung einer dem entstandenen materiellen oder moralischen Schaden angemessenen Geldentschädigung an den Kläger, sondern auch über die Auflegung der in dem vorliegenden Gesetze bestimmten Gefängnis- oder Geldstrafen gesondert zu befinden. Außerdem ist das Urteil in der nächsten oder spätestens zweitnächsten Nummer der fraglichen Zeitung oder Zeitschrift im Wortlaut wiederzugeben, widrigenfalls eine Geldstrafe von fünfzig türkischen Pfunden erhoben wird. Das Gericht kann ferner zugleich die Veröffentlichung des Urteils in einer andern oder einigen andern Zeitungen auf Kosten des Verurteilten anordnen.

Art. 13. Zeitungen oder täglich oder periodisch erscheinende Zeitschriften können Gerichtsverhandlungen aller Art und Beschlüsse aller offiziellen Ausschüsse veröffentlichen. Unter keinen Umständen dürfen aber die Beratungen eines Gerichtshofes oder einer vorschriftsgemäß unter Ausschluß der Öffentlichkeit tagenden offiziellen Körperschaft veröffentlicht werden. Entscheidungen, die auf Grund veröffentlichter Gerichtsverhandlungen ergehen, müssen ebenfalls veröffentlicht werden. Zuwiderhandelnde werden mit Geldstrafe von fünf bis zu fünfundzwanzig türkischen Pfunden bestraft.

Art. 14. Das Gericht kann die Veröffentlichung von Einzelheiten aus Gerichtsverhandlungen verbieten, die als Verstoß gegen die guten Sitten gelten. Wer dergleichen verbotene Einzelheiten veröffentlicht, wird mit Geldstrafe von zwei bis zu zehn türkischen Pfunden oder Gefängnis von vierundzwanzig Stunden bis zu einer Woche bestraft.

Art. 16. Die Veröffentlichung von Gesetzen und Verordnungen vor ihrer amtlichen Bekanntgabe ist verboten. Zuwiderhandelnde werden mit Geldstrafe von zwei bis zu zehn türkischen Pfunden bestraft. Nötigenfalls werden die gedruckten und veröffentlichten Blätter eingezogen.

Art. 16. Veröffentlichungen, welche die im osmanischen Reiche anerkannten Religionen und Konfessionen oder die Völkerschaften des türkischen Reiches verächtlich machen oder beleidigen, haben die Verurteilung der nach Art. 11 verantwortlichen Person zu Gefängnis von einem Monat bis zu einem Jahre und zu Geldstrafe von fünfundzwanzig bis zu hundert türkischen Pfunden oder nur zu einer dieser beiden Strafen zur Folge.

Mit Gründen belegte wissenschaftliche oder philosophische Abhandlungen über Religionen und Konfessionen gelten nicht als Beleidigung.

Art. 17. Bei Veröffentlichungen, welche zur Begehung der im zweiten Abschnitt[1]) des Strafgesetzbuches aufgeführten Verbrechen unmittelbar aufreizen, wird die gemäß Art. 11 verantwortliche Person wie der eigentliche Täter bestraft. Haben aber die erwähnten Aufreizungen keine greifbare Wirkung gehabt, so tritt Bestrafung zu lebenslänglicher Verbannung ein.

---

[1]) Gemeint ist der zweite Abschnitt des I. Buches des StrGB.; vergl. auch Art. 66 (nebst Zusatz) desselben.

Art. 18. Mit Gefängnis von drei Monaten bis zu drei Jahren und Geldstrafe von zehn bis zu hundert türkischen Pfunden wird bestraft, wer von einem andern Geld oder sonstige Vorteile erpreßt oder zu erpressen versucht unter der Drohung, eine Tatsache, die geeignet ist, seine Ehre zu verletzen oder ihn verächtlich zu machen, durch die Presse zu enthüllen, oder sonstige Beschuldigungen auf diesem Wege zu erheben.

Art. 19. Wer unwahre Nachrichten oder unechte, gefälschte oder einem andern grundlos zugeschriebene Dokumente veröffentlicht, wird, wenn die Veröffentlichungen die öffentliche Ruhe gestört oder in böser Absicht stattgefunden haben, mit Gefängnis von sechs Monaten bis zu zwei Jahren und mit Geldstrafe von fünf bis zu hundert türkischen Pfunden oder nur mit einer dieser beiden Strafen bestraft.

Art. 20. Bei Veröffentlichung von Artikeln und Zeichnungen, die gegen die guten Sitten verstoßen oder unmoralisch sind, wird die nach Art. 11 verantwortliche Person mit Geldstrafe von zwei bis zu zehn türkischen Pfunden bestraft.

Art. 21. Die Zeitungen und täglich oder periodisch erscheinenden Zeitschriften sind verpflichtet, die Antwort auf einen gegen eine Person veröffentlichten Artikel, falls sie das Doppelte des Umfangs des letzteren nicht übersteigt, und ebenso Dementis, die von der Regierung den der Wahrheit nicht entsprechenden Nachrichten entgegengehalten werden, in der nächsten Nummer auf derselben Spalte zu veröffentlichen, widrigenfalls auf Geldstrafe von fünf bis zu fünfzig türkischen Pfunden erkannt wird.

Art. 22. Bei den in den vorhergehenden Artikeln aufgeführten strafbaren Handlungen gilt Rückfall als Strafverschärfungsgrund.

Art. 23. Zugleich mit der Erhebung der Klage gegen Zeitungen und Zeitschriften wegen Veröffentlichungen, die zu den im Art. 17 bezeichneten strafbaren Handlungen aufreizen, kann die Regierung ihre Suspendierung bis zur Beendigung des Gerichtsverfahrens anordnen, falls sie es im Interesse der Aufrechterhaltung der Ruhe für erforderlich hält. Wird aber der verantwortliche Leiter vom Gericht freigesprochen, so kann er wegen der Suspendierung seiner Zeitung oder Zeitschrift Schadenersatz verlangen.

Art. 24. Sämtliche im vorliegenden Gesetze wegen Preßvergehen bestimmte Strafen finden gleichfalls Anwendung bei Veröffentlichungen von Bildern in Zeitungen oder in täglich oder periodisch erscheinenden Zeitschriften, bei Verkauf und Verbreitung von geschriebenen oder gedruckten Schriften und Ergänzungsblättern an öffentlichen Plätzen und in öffentlichen Versammlungen, sowie bei öffentlicher Ausstellung von Tafeln und Ankündigungen.

## Dritter Abschnitt.

### Üble Nachrede und Ehrgefährdung.

Art. 25. Bezichtigungen unter Anführung einer bestimmten Tatsache, durch welche eine Person oder Körperschaft in ihrer Ehre oder ihrem Ansehen geschädigt werden, gelten als üble Nachrede; Bezichtigungen solcher Art ohne Anführung einer bestimmten Tatsache gelten als Ehrgefährdung[1]).

Keine strafbare Handlung bilden Kritiken, die im Rahmen einer die Grenzen des guten Tones einhaltenden Erörterung erfolgen.

Art. 26. Bei Veröffentlichung von Artikeln, Worten und Ausdrücken, die eine Ehrgefährdung oder üble Nachrede gegenüber S. M. dem Sultan enthalten, wird die gemäß Art. 11 verantwortliche Person mit Gefängnis von drei Monaten bis zu drei Jahren bestraft.

Art. 27. Bei übler Nachrede und Ehrgefährdung gegenüber einem Herrscher oder Oberhaupt einer befreundeten Macht tritt Gefängnisstrafe von einem Monat bis zu einem Jahre ein.

Art. 28. Bei übler Nachrede gegenüber dem Kaiserlichen Hause, dem Senat, dem Abgeordnetenhause, den Gerichten und andern Verwaltungszweigen und offiziellen Körperschaften, dem Kaiserlichen Heere, der Kaiserlichen Flotte, den diplomatischen Beamten und Konsuln befreundeter Mächte wird die gemäß Art. 11 verantwortliche Person zu Gefängnis von fünfzehn Tagen bis zu sechs Monaten oder Geldstrafe von fünf bis zu fünfzig türkischen Pfunden oder zu beiden Strafen zugleich verurteilt.

Die Ehrgefährdung wird mit Gefängnis von einer Woche bis zu drei Monaten und zugleich mit Geldstrafe von einem türkischen Pfund bis zu fünfundzwanzig türkischen Pfunden oder nur mit einer von diesen beiden Strafen bestraft.

Die Bestrafung wegen über Nachrede und Ehrgefährdung erfolgt in diesen Fällen unbeschadet des Rechts des Betroffenen, gegebenenfalls Schad·nersatz zu fordern.

Art. 29. Bei übler Nachrede gegenüber einer Privatperson wird die gemäß Art. 11 verantwortliche Person zu Gefängnis von einer Woche bis zu drei Monaten und zugleich zu Geldstrafe von zwei bis zu fünfundzwanzig türkischen Pfunden oder nur zu einer dieser beiden Strafen verurteilt.

Bei Ehrgefährdung tritt Gefängnisstrafe von einer Woche bis zu zwei Monaten und zugleich Geldstrafe von einem türkischen Pfunde bis zu fünfzehn türkischen Pfunden oder nur eine von diesen beiden Strafen ein.

Die Bestrafung wegen übler Nachrede und Ehrgefährdung erfolgt in diesen Fällen unbeschadet des Rechts des Betroffenen, gegebenenfalls Schadenersatz zu fordern.

Art. 30. Bei übler Nachrede und Ehrgefährdung, die sich auf Staatsminister, Senatoren, Deputierte und Staatsbeamte persönlich

[1]) Vergl. hierzu Art. 214 des StrGB. (jetzige Fassung), letzten Absatz.

bezieht, finden die Bestimmungen des Art. 29 in jedem Falle Anwendung. Betrifft die üble Nachrede oder Ehrgefährdung ihre amtliche Geschäftsgebahrung, so wird gemäß Art. 28 verfahren.

Bezieht sich eine üble Nachrede aber lediglich auf bestimmte Handlungen, die zur Geschäftsgebahrung solcher Beamten oder der Direktoren oder Verwaltungsbeamten von Finanz- oder Handelsunternehmungen auf Aktien gehören, so erfolgt wegen der Veröffentlichung keine Bestrafung, falls während der Gerichtsverhandlungen der Wahrheitsbeweis dafür erbracht wird.

## Vierter Abschnitt.

### Verschiedene Bestimmungen.

Art. 31. Die Prozesse wegen Preßvergehen werden vor den ordentlichen Gerichten abgeurteilt.

Die Verfolgung wegen der in den Art. 16, 17, 19, 20 und 26 bezeichneten strafbaren Handlungen sowie wegen übler Nachrede und Ehrgefährdung gegenüber dem Herrscherhause wird ohne weiteres von der Staatsanwaltschaft eingeleitet. Bei übler Nachrede und Ehrgefährdung gegenüber den Herrschern befreundeter Mächte und ihren diplomatischen Beamten greift ebenfalls die Staatsanwaltschaft auf einen seitens der Gesandten an das Ministerium des Aeußeren zu richtenden Antrag ein. Das gleiche ist der Fall bei übler Nachrede und Ehrgefährdung gegenüber dem Senat und dem Abgeordnetenhause, den Staatsverwaltungszweigen, den offiziellen Körperschaften, dem Kais. Heere und der Kais. Marine, falls die Vorsitzenden, Chefs oder Kommandanten sich an die Justizbehörde schriftlich wenden.

Bei den übrigen, in dem vorliegenden Gesetz verzeichneten Fällen der üblen Nachrede und Ehrgefährdung ist die Klage ausschließlich von dem Betreffenden selbst zu erheben.

Art. 32. Klagen wegen Preßvergehen werden nur zugelassen, wenn sie innerhalb von drei Monaten, von dem Datum der Veröffentlichung ab gerechnet, erhoben werden.

Art. 33. Im Kriegsfalle oder in Zeiten der Kriegsgefahr können Veröffentlichungen in den Zeitungen über Bewegungen der Land-

---

[1]) Hierzu tritt nach dem in Anm. zu Art. 2 erwähnten provisorischen Gesetz vom 26. Rebi-ül-achyr 1330 folgender Zusatz:

„Es ist strengstens verboten, Schriftstücke und Artikel aufzunehmen, welche Fragen der inneren und äußeren Politik behandeln oder gegen die Militärleitung gerichtete und gegen die Disziplin verstoßende Kritiken enthalten, sofern sie von Generalstabs-, Stabs- und Subalternoffizieren des Landheeres und der Marine, die im aktiven Dienst stehen oder der Reserve überwiesen oder verabschiedet sind, oder von Sanitätsbeamten oder von sonstigen Militärpersonen eingesandt werden. Verantwortliche Leiter einer Zeitung, die den Namen und die Urheberschaft eines derartige Artikel einsendenden Offiziers verheimlichen, werden mit Gefängnis von einer Woche bis zu sechs Monaten und Geldstrafe von fünf bis zu fünfundzwanzig türkischen Pfunden bestraft."

und Seestreitmacht und über Verteidigungsmittel des Staates nötigenfalls auf Anordnung des Großwesirs untersagt werden. Zuwiderhandelnde werden mit Geldstrafe von fünfzig bis zu zweihundert türkischen Pfunden oder mit Gefängnis von sechs Monaten bis zu zwei Jahren oder mit diesen beiden Strafen zugleich bestraft.

Art. 34. Periodische Zeitschriften, die sich nicht mit Politik beschäftigen, sondern ausschließlich wissenschaftlichen und literarischen Inhalts sind, werden wie Bücher behandelt und sind daher den Bestimmungen dieses Gesetzes über die Art der Herausgabe nicht unterworfen.

Art. 35. Das Verbot der Herausgabe und Verbreitung im osmanischen Reiche von Zeitungen und periodischen Zeitschriften, die im Auslande und in den privilegierten Provinzen gedruckt sind, unterliegt einer besonderen Beschlußfassung seitens des Ministerrats. Das Ministerium des Innern kann nur eine Nummer verbieten.

Wer in dieser Weise verbotene Zeitungen und Zeitschriften wissentlich verkauft und verbreitet, wird mit Geldstrafe von zwei bis zu fünfzehn türkischen Pfunden bestraft.

Art. 36. Die Bestimmungen des Preßgesetzes vom 2. Schaban 1281 werden hiermit aufgehoben.

Art. 37. Die Minister des Innern und der Justiz werden mit der Ausführnng dieses Gesetzes betraut.

# Anhang II.

# Druckereigesetz

vom 11. Redjeb 1327 (29. Juli 1909).

## Erstes Kapitel.

### Erster Abschnitt.

Art. 1. Eine Druckerei kann eröffnen, wer in Konstantinopel bei dem Ministerium des Inneren und in den Provinzen bei der Ortsbehörde eine Erklärung einreicht, welche seinen und seiner Teilhaber Namen, Beinamen und Wohnsitz sowie eine Angabe über die Sprache, in der gedruckt werden soll, enthält.

Art. 2. Wer nach Einreichung einer Erklärung eine Druckerei eröffnet hat, ist verpflichtet, der Behörde schriftlich jeden Wechsel des Geschäftslokals der Druckerei anzuzeigen. Ebenso ist bei einem Wechsel des Inhabers der Druckerei der neue Inhaber verpflichtet, vor der Übernahme in seinem Namen eine Erklärung einzureichen. Bei Todesfällen ist die Erklärung von den Erben binnen fünfzehn Tagen einzureichen.

Sind die Erben minderjährig oder entmündigt worden, so ist diese Formalität von dem gesetzlichen Vertreter zu erfüllen.

Art. 3. Wer ohne eine Erklärung einzureichen eine Druckerei eröffnet und Bücher, Broschüren und anderes druckt, wird mit Geldstrafe von fünfzig türkischen Pfunden bestraft; zugleich wird seine Druckerei geschlossen.

### Zweiter Abschnitt.

#### Bücher und Broschüren.

Art. 4. Die Drucker brauchen für den Druck von Büchern und Broschüren wissenschaftlichen, literarischen und industriellen Inhalts keine Erlaubnis einzuholen, sind jedoch verpflichtet, unmittelbar nach der Drucklegung je zwei Abdrücke gegen Empfangsbestätigung in Konstantinopel den Ministerien des Innern und des öffentlichen Unterrichts, in den Provinzen der Ortsbehörde und der Abteilung für Unterrichtswesen und bei religiösen Werken außerdem zwei Abdrücke dem Scheich-ül-Islamat einzureichen. Zuwiderhandelnde werden mit Geldstrafe von zwei bis zu fünf türkischen Pfunden bestraft.

Art. 5. Wer seinen Namen und das Geschäftslokal der Druckerei falsch angibt, wird zu Geldstrafe von zehn bis zu fünfundzwanzig türkischen Pfunden verurteilt.

Art. 6. Wer den Koran oder Stellen aus demselben oder Lehrsprüche des Propheten wiedergibt, hat in Konstantinopel beim Scheich-ül-Islamat, in den Provinzen bei dem Ausschuß für Unterrichtswesen, zu dem die Naïbs[1]) und Muftis[2]) des Orts hinzuzuziehen sind, um Erlaubnis einzukommen. Nach der Drucklegung ist die Bestätigung der genannten Behörden einzuholen. Bei Zuwiderhandlung werden die gedruckten heiligen Bücher dem Drucker weggenommen und dieser wird zugleich mit Geldstrafe von fünfundzwanzig bis zu fünfzig türkischen Pfunden bestraft.

Art. 7. Die im Preßgesetz für Preßvergehen vorgesehenen Strafbestimmungen finden auf Veröffentlichungen in Büchern und Broschüren Anwendung.

## Zweites Kapitel.

### Prozeſsverfahren und Formalitäten.

Art. 8. Die durch Zuwiderhandlung gegen die Bestimmungen dieses Gesetzes begangenen strafbaren Handlungen werden vor den ordentlichen Gerichten abgeurteilt und die Strafklage wird von der Staatsanwaltschaft erhoben.

Art. 9. Über jede strafbare Handlung wird eine Verhandlung aufgenommen, die der zuständigen Stelle zu überreichen ist. Auf die Übermittlung seitens der zuständigen Stellen hin leiten die Staatsanwälte die Strafverfolgung ein.

Dem erwähnten Protokoll ist ein Exemplar des Werkes beizufügen, das den Gegenstand der strafbaren Handlung bildet.

Art. 10. Bei den in diesem Gesetze aufgeführten strafbaren Handlungen bildet der Rückfall einen Strafverschärfungsgrund.

Art. 11. Alle gedruckten Werke und Druckschriften, mit Ausnahme solcher Privaturkunden, die einer Privatperson oder einer Verwaltung gehören, müssen den Namen der Druckerei aufweisen, in der sie gedruckt worden sind. Andernfalls tritt Bestrafung mit Geldstrafe von zwei bis zu fünfzehn türkischen Pfunden ein.

Art. 12. (Enthält Übergangsbestimmungen.)

Art. 13. Die Minister des Innern und der Justiz sind mit der Ausführung der Bestimmungen dieses Gesetzes betraut.

---

[1]) Geistliche Richter.

[2]) Geistliche Rechtsgelehrte mit dem Recht, Entscheidungen über Fragen des Scheriat in Form sog. Fetva zu treffen.

## Anhang III.

# Gesetz betr. Landstreicher und übelberüchtigte Personen

vom 19. Rebi-ül-achyr 1327 (9. Mai 1909).

---

### Erster Abschnitt.

#### Landstreicher.

Art. 1. Wer ohne Subsistenzmittel zu besitzen, obwohl arbeitsfähig, seit wenigstens zwei Monaten keinem Broterwerbe noch Handwerke nachgegangen ist, auch nicht beweisen kann, daß er sich in dieser Zeit ernsthaft bemüht hat, Arbeit zu finden und sich hier und dort herumtreibt, ist ein Landstreicher. Ebenso gilt als Landstreicher, wer sich, obwohl arbeitsfähig, seinen Lebensunterhalt durch Betteln beschafft.

Art. 2. Hat sich bei den polizeilichen Ermittlungen ergeben, daß der Festgenommene ein Landstreicher ist, so ist er binnen 24 Stunden mitsamt den Untersuchungsakten der Staatsanwaltschaft zu übergeben.

Art. 3. Um die verdächtige Person bis zum Ende des Gerichtsverfahrens in polizeilichem Gewahrsam behalten zu können, hat der Staatsanwalt einen Schriftsatz auszuarbeiten und die Akten über den Fall alsbald dem Gerichte vorzulegen. Das Gerichtsverfahren ist binnen höchstens 24 Stunden, von der Übergabe der Akten an gerechnet, zu eröffnen.

Art. 4. Ist eine Person durch das Gerichtsverfahren der Landstreicherei überführt worden, so hat ein Beschluß dahin zu ergehen, daß sie für die Zeit von zwei bis vier Monaten bei öffentlichen oder städtischen Arbeiten oder in einer öffentlichen Anstalt zu beschäftigen und, falls sich dies als unmöglich herausstellt, in ihre Heimat oder in einen passenden Ort, wo sie Arbeit finden kann, zu überführen ist.

Ein solcher Beschluß unterliegt nicht der Berufung noch der Revision und wird sofort vollstreckt.

Art. 5. Die im vorhergehenden Artikel erwähnte Beschäftigung besteht darin, daß man den Landstreicher unter der Bedingung, daß die ihn beschäftigende Verwaltung die Hälfte des tarifmäßigen Lohnes zahlt, innerhalb der Stadt oder in der Umgebung derselben arbeiten laßt. Wenn der Landstreicher kein Nachtquartier besitzt und die

Verwaltung ihm eine Schlafstelle zuweisen muß, so erhält er nur ein Drittel des tarifmäßigen Lohnes.

Art. 6. Ist die Beschäftigung eines Landstreichers in der im vorhergehenden Artikel bezeichneten Weise nicht möglich, so hat die Polizei das Nötige zu veranlassen, um ihn an einen im Benehmen mit der Staatsanwaltschaft zu bestimmenden Ort zu überführen. Bezeichnet der Verurteilte selbst unter Angabe von annehmbaren Gründen einen Ort und wird von der Polizei kein Anstand dagegen erhoben, so erfolgt seine Überführung an den von ihm gewünschten Ort.

Art. 7. Ist die Zeit der Beschäftigung abgelaufen oder hat sich der Landstreicher innerhalb dieser Zeit nachweisslich einen Broterwerb verschafft, so wird er nach Aufnahme eines Vermerks seitens der Staatsanwaltschaft freigelassen.

Art 8. Landstreicher, welche sich der Beschäftigung durch die Flucht entziehen, oder welche ihrer Beschäftigung Widerstand entgegensetzen, oder welche innerhalb eines Jahres rückfällig sind, werden nach ihrer Ergreifung gemäß Artikel 3 in Polizeigewahrsam behalten und auf Grund eines gerichtlichen Verfahrens mit Verbannung von drei Monaten bis zu einem Jahre bestraft.

Art. 9. Landstreicher, welche sich gewohnheitsmäßig an Orten, die von der Polizei für verdächtig gehalten werden, herumtreiben, oder welche sich in einer Verdacht erregenden Weise aufführen, sind gemäß der Vorschrift des Art. 12 festzunehmen und auf Grund eines gerichtlichen Verfahrens mit Gefängnis von einer Woche bis zu sechs Monaten oder Verbannung von drei Monaten bis zu zwei Jahren zu bestrafen.

## Zweiter Abschnitt.

### Übelberüchtigte Personen.

Art. 10. Wer wegen eines Verbrechens oder wegen eines der Vergehen des Diebstahls, der Entwendung, des Taschendiebstahls, der Hehlerei, des Betruges oder der Notzucht wenigstens zweimal verurteilt worden ist und die Strafe abgebüßt hat, oder wer sich unter Polizeiaufsicht befindet, gilt in den Augen der Polizei, falls er sich in einer Verdacht erregenden Weise aufführt, als übelberüchtigte Person.

Art. 11. Wenn eine übelberüchtigte Person seitens der Polizei ergriffen wird, so ist ein Protokoll aufzunehmen, in dem ihr Verhalten und die den Verdacht bestätigenden Beweise anzugeben sind; dies Protokoll ist binnen höchstens 48 Stunden der Staatsanwaltschaft einzureichen. Auf eine von der Staatsanwaltschaft aufzusetzende Note hin ist die genannte Person zu verhaften und im beschleunigten Gerichtsverfahren, falls hierbei der Protokollinhalt nicht widerlegt werden kann und ihr übler Leumund festgestellt wird, mit Gefängnis von einem Monat bis zu einem Jahre oder Verbannung von drei Monaten bis zu zwei Jahren zu bestrafen.

## Dritter Abschnitt.

### Gemeinsame Bestimmungen.

Art. 12. Landstreicher, welche ihr Äußeres verändern, um sich unkenntlich zu machen oder welche Feilen, Haken, Dietriche und ähnliche, zum Öffnen von Türen und Fenstern zwecks Begehung von Diebstählen und andern strafbaren Handlungen bestimmte und das Eindringen in Wohnungen und Läden ermöglichende Geräte und Werkzeuge bei sich tragen und nicht nachweisen können, daß sie dies zu einem erlaubten Zwecke tun, werden nach Verabreichung von fünf bis zwanzig Stockhieben gemäß Art. 9 bestraft oder an Stelle hiervon zu Gefängnis von einem Monat bis zu einem Jahre verurteilt.

Gehören sie zu den übelberüchtigten Personen, so werden sie nach Verabreichung von fünfzehn bis fünfunddreißig Stockhieben gemäß Art. 11 bestraft oder an Stelle hiervon zu Gefängnis von zwei Monaten bis zu zwei Jahren verurteilt.

Art. 13. Landstreicher, welche eine Person tätlich angegriffen oder bedroht haben, werden nach Verabreichnng von zehn bis dreißig Stockhieben gemäß Art. 9 bestraft oder an Stelle hiervon zu Gefängnis von eineinhalb Monaten bis zu eineinhalb Jahren verurteilt.

Werden dergleichen Handlungen von übelberüchtigten Personen begangen, so werden diese nach Verabreichung von zwanzig bis neununddreißig Stockhieben gemäß Art. 11 bestraft oder an Stelle hiervon zu Gefängnis von drei Monaten bis zu zweieinhalb Jahren verurteilt.

Ist eine solche Handlungsweise vom Gesetz mit einer noch schwereren Strafe bedroht, so tritt diese ein.

Art. 14. Von den Fällen des Art. 8 abgesehen gilt Rückfall als straferschwerender Grund.

Art. 15. Personen, welche zu einer der in den Art. 9, 11, 13 und 14 aufgezählten Strafen verurteilt worden sind, werden nach Verbüßung ihrer Strafe für eine Zeit von sechs Monaten bis zu drei Jahren unter Polizeiaufsicht gestellt.

Waren sie schon wegen einer früheren strafbaren Handlung zur Stellung unter Polizeiaufsicht verurteilt worden, so wird nach Ablauf der in diesem Urteile festgesetzten Zeit die auf Grund der vorliegenden Bestimmung verwirkte Strafe besonders vollstreckt.

Art. 16. Kinder unter 15 Jahren gelten nicht als Landstreicher.

Eltern solcher Kinder oder nach dem Scheriat unterhalts- und erziehungspflichtige Anverwandte, welche, obwohl hierzu imstande, diese Pflicht vernachlässigen und das Herumtreiben der Kinder nach Landstreicherart gestatten oder dulden, werden mit Geldstrafe von zwanzig bis zu dreihundert Piastern oder mit Gefängnis von vierundzwanzig Stunden bis zu fünfzehn Tagen bestraft.

Art. 17. Personen, welche in gewinnsüchtiger Absicht Kinder unter fünfzehn Jahren zum Betteln anstellen, werden zu den im vorhergehenden Artikel aufgeführten Geld- und Gefängnisstrafen zugleich verurteilt.

Art. 18. Sind die Landstreicher und übelberüchtigten Personen fremde Staatsangehörige, so werden sie nach Verbüßung der ihnen auferlegten Strafe von der Polizei aus dem osmanischen Reiche ausgewiesen.

Art. 19. Die Prügelstrafe wird in Gegenwart des Staatsanwalts oder seines Vertreters und eines Arztes im Gefängnis mittels einer aus Ochsenleder angefertigten knotenlosen Peitsche von 1 m Länge und $1^1/_2$ cm Stärke durch eine besonders dazu angestellte Person vollstreckt. In keinem Falle darf auf eine vom Arzt nicht erlaubte Stelle geschlagen werden.

Art. 20. Wird durch den ärztlichen Bericht in Gegenwart des Staatsanwalts festgestellt, daß ein zur Prügelstrafe Verurteilter die festgesetzte Zahl von Schlägen nicht aushalten kann, so werden ihm soviel Hiebe aufgezählt, wie er verträgt. Für jeden nicht verabreichten Hieb treten zwei Tage Gefängnis ein.

Art. 21. Sämtliche, vor der Veröffentlichung dieses Gesetzes für Landstreicher und übelberüchtigte Personen geltende Bestimmungen treten hiermit außer Kraft.

Art. 22. Die Minister des Innern und der Justiz werden mit der Ausführung dieses Gesetzes betraut.

## Anhang IV.

# Urheberrechtsgesetz

vom 12. Djemazi-ül-evel 1328 (21. Mai 1910).

Art. 1. An den geistigen und schriftlichen Erzeugnissen jeder Art hat Verfasser ein Eigentumsrecht. Dies Recht wird als Urheberrecht bezeichnet.

Art. 2. Zu den geistigen und schriftlichen Erzeugnissen gehören alle Bücher, Schriftwerke, Zeichnungen, Gemälde, architektonische, geographische, topographische und andere zeichnerische und plastische Entwürfe, musikalische Kompositionen, Noten und dergleichen.

Art. 3. Das Urheberrecht umfaßt das Recht, dergleichen Werke zu drucken, zu veröffentlichen, buchhändlerisch zu vertreiben, in fremde Sprachen zu übersetzen und zu dramatisieren. Auch Vorlesungen, Ansprachen, Reden und Vorträge, die Unterrichts- und Erbauungszwecken dienen, fallen unter das Urheberrecht. Reden jedoch, die in der Deputiertenkammer, im Senate, in Gerichten und öffentlichen Versammlungen gehalten werden, dürfen von jedermann aufgezeichnet und veröffentlicht werden. Nur das Recht, die Reden einer Person und die Vorträge eines Lehrers gesammelt drucken zu lassen, ist dem Urheber vorbehalten.

Art. 4. Bei den mit einem Vermerke wie: „Alle Rechte vorbehalten", „Veröffentlichung und Übersetzung von anderer Seite ist untersagt" versehenen, in täglich oder periodisch erscheinenden Druckschriften veröffentlichten Artikeln und Bildern sind alle Rechte vorbehalten; an Artikeln, Bildern und Berichten über Tagesneuigkeiten ohne solchen Vermerk, besteht kein Urheberrecht, jedoch muß die Quelle[1]) angegeben werden.

Art. 5. Verboten ist für andere der Gebrauch des Namens von schon existierenden und mit Rechtsvorbehalt versehenen Zeitungen, Revuen, Broschüren und Büchern. Unter allgemeinen Namen und Titeln jedoch darf jedermann Schriftwerke veröffentlichen.

Art. 6. Das Urheberrecht steht bei Lebzeiten des Verfassers diesem zu. Nach seinem Tode steht es für weitere dreißig Jahre

---

[1]) Gemeint ist: bei Nachdruck.

1. den Kindern und dem Ehegatten, 2. den Eltern und 3. den Enkeln zu gleichen Teilen zu. Infolgedessen können Bücher und Schriftwerke innerhalb dieser Zeit von andern als dem Verfasser und seinen Erben weder gedruckt und veröffentlicht noch in fremde Sprachen übersetzt werden.

Art. 7. Die Schutzfrist für Gemälde, kalligraphische Arbeiten und Gravüren, sowie für Zeichnungen, Figuren, Karten, architektonische, geographische, topographische und andere zeichnerische und plastische Entwürfe läuft 18 Jahre nach dem Tode des Verfassers. Für musikalische Kompositionen und Noten indessen beträgt sie, wie bei Büchern und Schriftwerken, 30 Jahre.

Art. 8. An Gesetzen, Verordnungen, amtlichen Verfügungen und Verhaltungsmaßregeln sowie an Anzeigen des Handels und Gewerbes besteht kein Urheberrecht. Sind sie hingegen mit Erläuterungen und Kommentaren versehen, so tritt für diese der Urheberschutz ein.

Art. 9. Für die Werke, die erst nach dem Tode des Urhebers veröffentlicht werden, läuft die Frist vom Tage der Veröffentlichung an.

Art. 10. Die Aufführung von Theaterstücken aller Art und Opern im Ganzen oder auszugsweise ist ohne Einwilligung des Verfassers verboten. Das andern übertragene Recht des Drucks und der Veröffentlichung derselben schließt das Aufführungsrecht nicht ein.

Art. 11. Die Aufführung von Theaterstücken und Opern bei Veranstaltungen von Schulen und besonderen Vereinigungen, die nicht Erwerbszwecken dienen, ist dem Urheberrechtsschutz nicht unterworfen.

Art. 12. In literarischen und wissenschaftlichen Arbeiten, in Schulbüchern und Kritiken können einzelne Stellen eines Werkes unter der Bedingung, daß dessen Verfasser genannt wird, soweit nützlich und notwendig, wiedergegeben werden.

Art. 13. Werke in Briefform können ohne Erlaubnis des Verfassers bzw. nach dessen Tod ohne Erlaubnis seiner Familie nicht veröffentlicht werden.

Art. 14. Übersetzungen von einzelnen oder verschiedenen Personen sind im Rahmen des vorliegenden Gesetzes erlaubt. Jeder Übersetzer hat für seine Übersetzung dieselben Rechte, wie der Urheber. Die Schutzfrist für die Übersetzung beläuft sich vom Tode des Übersetzers an auf die Hälfte der für die Originalwerke vorgesehenen Frist, also auf 15 Jahre.

Art. 15. Das Urheberrecht an Werken, die von Behörden oder behördlich anerkannten Vereinigungen veröffentlicht werden, steht diesen zu.

Art. 16. Ist ein Werk von mehreren gemeinschaftlich ohne besondere Vertragsabmachung verfaßt bzw. übersetzt worden, so steht der Rechtsschutz allen Verfassern bzw. Übersetzern gleichmäßig zu. Stirbt einer der Mitarbeiter, so geht das Nutzungsrecht an den bis zu seinem Tode veröffentlichten Teilen und an den zur Veröffentlichung fertigen Manuskripten auf seine Erben über. Die Schutzfrist von 30 Jahren für die Originalwerke bzw. von 15 Jahren für die Übersetzungen läuft vom Todestage des letztüberlebenden Mitarbeiters. Ist das Verhältnis der Mitarbeiter untereinander vertraglich geregelt, so ist die Vertragsbestimmung ausschlaggebend. In Streitfällen entscheidet das Gericht.

Art. 17. Von jedermann können herausgegeben und in fremde Sprachen übersetzt werden solche Werke, deren Verfasser ohne Erben verstorben ist, oder bei denen die den Erben gewährte Schutzfrist abgelaufen oder vor Ablauf derselben kein Erbe mehr vorhanden oder aus sonst einem Grunde die Schutzberechtigung erloschen ist.

Art. 18. Wenn Werke ohne Schutzberechtigten schon früher gedruckt worden sind, so können sie von jedermann gemäß dem vorigen Artikel nachgedruckt werden. Sind solche Werke noch nicht gedruckt worden, so wird denjenigen, die sie drucken wollen, auf ihren Antrag vom Unterrichtsministerium für zehn bis zu fünfzehn Jahren das ausschließliche Recht dazu verliehen. Innerhalb dieser Zeit kann außer dem Berechtigungsinhaber oder nach seinem Tode dessen Erben niemand das betreffende Werk drucken. Jedoch erlischt die Berechtigung, wenn die Drucklegung und Herausgabe nicht binnen Jahresfrist begonnen oder wenn sie nach Beginn wieder für ein Jahr eingestellt wird.

Art. 19. Falls nach dem Tode des Verfassers eines angesehenen Werkes von allgemeinem Nutzen die gedruckten Exemplare vergriffen sind und aus Gründen, wie Armut, Nachlässigkeit oder Uneinigkeit der Erben, eine neue Auflage nicht angefertigt werden kann, so wird das Unterrichtsministerium die Mittel zur Drucklegung und Veröffentlichung, unter Wahrung der Interessen der Erben, beschaffen.

Art. 20. Die Verfasser sollen, um ihr Urheberrecht sicherzustellen, drei gedruckte Exemplare ihres Werkes in Konstantinopel an das Unterrichtsministerium, in den Provinzen an die Unterrichtsdirektion einsenden, und dort eintragen lassen. Dieser Bestimmung nicht unterworfen sind Werke, die nur in einem Exemplar vorhanden sind, wie Gemälde, Bilder und Medaillons.

Art. 21. In dem im Unterrichtsministerium und in den Unterrichtsdirektionen geführten besonderen Urheberrechtsregister werden die Personalien des Urhebers, der Name und Gegenstand des Werkes, Datum und Ort des Druckes und die Seitenanzahl eingetragen, die laufende Nummer darauf vermerkt und sodann die Eintragung von dem Urheber oder seinem offiziellen Vertreter unterschrieben.

Art. 22. Für die Eintragung wird von den Kassen der Unterrichtsverwaltung ein Viertel eines türkischen Pfundes erhoben. Dafür wird von dem Unterrichtsministerium oder den Unterrichtsdirektionen als Besitztitel ein Urheberrechtsschein ausgehändigt, der bis zur gerichtlichen Erbringung des Gegenbeweises volle Rechtsgültigkeit besitzt.

Art. 23. Die Eintragung der periodischen Druckschriften erfolgt am Ende jedes Jahres durch Vorlegung und Registrierung der veröffentlichten Exemplare.

Art, 24. Betreffs der nicht eingetragenen Werke ist ein Rechtsstreit um das Urheberrecht bis zur Eintragung nicht zulässig. Die Namen der im Laufe eines Jahres eingetragenen Werke und die ihrer Verfasser werden am Jahresende durch die Zeitungen amtlich bekannt gegeben.

Art. 25. Der Verfasser, der Übersetzer, der Inhaber einer ausschließlichen Druckberechtigung eines Werkes oder deren Erben können innerhalb der gesetzlichen Frist das Urheberrecht bzw. die ausschließliche Druckberechtigung vollständig oder auf Zeit oder mit Beschränkung auf eine Anzahl von Exemplaren durch Vertrag einem andern für Entgelt oder unentgeltlich abtreten. Der Übernehmende tritt innerhalb der Vertragsbedingungen an die Stelle des Urheberrechtsinhabers. Stirbt er, bevor der Zeitraum seiner Berechtigung abgelaufen ist, so werden für den Rest des Zeitraumes seine Erben als Berechtigte angesehen.

Art. 26. Dieser Abtretungsvertrag muß in Konstantinopel auf dem Unterrichtsministerium und in den Provinzen bei den Unterrichtsdirektionen eingetragen werden.

Als Eintragungsgebühr wird ein halbes türkisches Pfund erhoben.

Für die nicht in dieser Weise eingetragenen Verträge wird bei ihrer Vorlegung vor Gericht die dreifache Eintragungsgebühr als Strafe erhoben und an die Kasse der Unterrichtsverwaltung abgeführt.

Art. 27. Wenn ein Schriftsteller oder Künstler im Namen und für Rechnung eines andern arbeitet, so gilt dies mangels besonderer vertraglicher Abmachung als Verkauf des Urheberrechts.

Art. 28. Der Drucker darf ohne Erlaubnis des Verfassers an dem Werke Änderungen nicht vornehmen, widrigenfalls die Herausgabe des betreffenden Werkes gerichtlich untersagt und das Urteil in den Zeitungen veröffentlicht wird. Der Drucker kann in diesem Falle den dem Verfasser gezahlten Preis nicht zurückverlangen.

Art. 29. Innerhalb der gesetzlichen Schutzfrist ohne Erlaubnis der Berechtigten ein Buch zu drucken und herauszugeben, wird als Nachahmung angesehen. Ebenso gilt es als Nachahmung, wenn innerhalb der gesetzlichen Schutzfrist ohne Erlaubnis der Berechtigten ein Theaterstück oder eine Oper aufgeführt wird, oder Noten von Musikstücken abgedruckt oder Karten, Bilder und kalligraphische

Werke jeder Art auf photographischem oder anderm Wege vervielfältigt oder von literarischen und musikalischen Werken jeder Art durch allerlei künstliche Mittel Abzüge (Klischees) hergestellt oder dieselben auf Platten gebracht werden. Die Nachahmer werden nach Artikel 32 mit Strafen belegt

Art. 30. Als Plagiat wird angesehen, wenn jemand, sei es daß es sich um Schriftwerke oder um die schönen Künste handelt, das Werk eines andern sich selbst zuschreibt. Ebenso gilt es als Plagiat, wenn jemand die Stellen eines fremden Buches oder die Melodien fremder musikalischer Kompositionen umstellt oder ein Original vollständig erkennbar, nur der Form nach abgeändert wiedergibt und das so entstandene Werk unter seinem Namen herausgibt.

Art. 31. Kritiken, Kommentare und Anmerkungen sind kein Plagiat. Ebenso auch nicht die Übernahme einzelner Stellen und Erörterungen eines fremden Werkes in ein eigenes Werk mit der Angabe, daß diese anderswoher stammen.

Art. 32. Wer ohne Erlaubnis des Berechtigten ein Werk, an dem ein Urheberrecht besteht, druckt oder drucken läßt, oder als Theaterstück oder Oper aufführen läßt, wird mit einer Geldstrafe von fünfundzwanzig bis zu hundert türkischen Pfunden und zugleich mit einer Gefängnisstrafe von einer Woche bis zu zwei Monaten bestraft. Die gedruckten Exemplare werden beschlagnahmt und dem Berechtigten ausgeliefert. Gleichfalls wird mit einer Geldstrafe von fünfundzwanzig bis zu hundert türkischen Pfunden bestraft, wer derartige Werke im Auslande druckt und in die Türkei einführt. Wer solche Drucksachen wissentlich verkauft oder zum Verkaufe ausbietet, wird mit einer Geldstrafe von fünf bis zu fünfundzwanzig türkischen Pfunden bestraft.

Art. 33. Wenn der geschädigte Schutzberechtigte noch besonders Schadenersatzklage erhoben hat, so befindet das für die Hauptklage zuständige Gericht mit dieser gemeinschaftlich darüber.

Art. 34. Diejenigen, die eine größere Anzahl von Buchexemplaren drucken als im Vertrage mit dem Verfasser bestimmt war, werden behandelt, als wenn sie eine Untreue[1]) begangen hätten. Die Exemplare, die über die bestimmte Anzahl hinaus gedruckt sind, und das Entgelt für bereits verkaufte Exemplare können beschlagnahmt und dem Berechtigten ausgehändigt werden.

Art. 35. Auf den Plagiator finden die für die Nachahmer nach Art. 32 geltenden Bestimmungen Anwendung.

Art. 36. Die gemeinsamen Verfasser eines Werkes können, falls ihr Urheberrecht von fremder Seite verletzt wird, einzeln bei Gericht auf Schadenersatz klagen.

Art. 37. Vom Verfasser noch nicht veröffentlichte Werke dürfen von den Gläubigern nicht gepfändet werden. Wenn der Verkauf von gepfändeten Werken und Schriftwerken gerichtlich beschlossen

---

[1]) Vergl. StrGB. Art. 236.

ist, so sollen sie allmählich verkauft und eine Schädigung der Berechtigten dabei vermieden werden.

Art. 38. Das Buchdruckgesetz vom 8. Redjeb 1289 oder 30. August 1288 nebst den angehängten gesetzlichen Erklärungen wird durch dieses Gesetz aufgehoben.

Art. 39. Wer vor dem Erlaß dieses Gesetzes ohne Erlaubnis des Verfassers oder seiner Erben ein Werk gedruckt hat, hat sich an den Verfasser oder dessen Erben zu wenden und nachträglich die Erlaubnis einzuholen. Wer ohne Einholung der Erlaubnis fortfährt, die nachgeahmten Werke zu verkaufen, wird gemäß den Bestimmungen dieses Gesetzes in Strafe genommen.

Art. 40. Die Verfolgung wegen der in dem vorliegenden Gesetze bestimmten Vergehen erfolgt nur auf persönlichen Antrag.

Art. 41. Bei Werken, die ohne Namen des Verfassers oder unter einem Pseudonym herausgegeben werden, steht das Urheberrecht, bis der Verfasser sich selbst nennt, dem Herausgeber zu.

Art. 42. Die Minister des Unterrichts und der Justiz werden mit der Ausführung des vorliegenden Gesetzes beauftragt.

Druck von Leonhard Simion Nf. in Berlin SW.

No. 18. **Die Norwegische Strafgesetzgebung** vom 22. Mai 1902. 1. Militärstrafgesetz. 2. Gerichtliches Verfahren in Militärstrafsachen. 3. Änderungen im Gesetz über das gerichtliche Verfahren in Strafsachen vom 1. Juli 1887. Übersetzt von Professor Dr. A. Teichmann. 2 M. 50 Pf.

No. 19. **Das Portugiesische Strafgesetzbuch.** Übersetzt von F. Zander. 3 M

No. 20. **Allgemeines bürgerl. Strafgesetz für das Königreich Norwegen** vom 22. Mai 1902. Übersetzt von Dr. Ernst Heinrich Rosenfeld, o. ö. Professor und Andreas Urbye, Staatsanwalt in Tromsö (einzeln nicht mehr erhältlich). 2 M. 50 Pf.

No. 21. **Die Ottomanische Strafprozeßordnung,** veröffentlicht auf Irade vom 5 Redscheb 1296 (25. Juni 1879). Übersetzt von W. Padel, zweitem Dragoman der Kaiserlich Deutschen Botschaft in Konstantinopel. 2 M. 50 Pf.

No. 22. **Dänemark.** I. Interimistisches Gesetz vom 1. April 1905 betr. Änderungen der Strafgesetze (Prügelgesetz). II. Verordnung betr. Körperstrafe und Vollziehung. III. Bekanntmachung vom 6. September 1905 betr. die Durchführung der im interimistischen Gesetze vom 1. April enthaltenen Bestimmung, daß Gefängnisstrafe bei gewöhnlicher Kost mit Arbeitszwang verbunden ist. 60 Pf.

No. 23. **Strafgesetzbuch für das Kaiserlich japanische Reich** vom 23. April 1907. Übersetzt von Dr. jur. Shigema Oba, Kaiserlich japanischer Staatsanwalt. 1 M. 50 Pf.

No. 24. **Das neue russische Strafgesetzbuch** (Ugolovnoje Ulozenje). Allerhöchst bestätigt am 22. März 1903. Aus dem Russischen übersetzt von Dr. O. S. Bernstein. 4 M.

No. 25. **Oesterreichischer Gesetzentwurf,** betr. die strafrechtliche Behandlung und den strafrechtlichen Schutz Jugendlicher. 1907. 2 M. 50 Pf.

No. 26. **Spanisches Strafgesetzbuch.** Vom 17. Juni 1870. Übersetzt von Alfredo Hartwig. 3 M.

No. 27. **Neueste Englische Kriminalpolitik.**
1. Children Act, 1908.
2. Prevention of Crime Act, 1908.
3. Probation of Offenders Act, 1907. 2 M.

No. 28. Vorentwurf zu einem **Schweizerischen Strafgesetzbuch.** (April 1908.) 1 M. 50 Pf.

No. 29. Vorentwurf zu einem **Oesterreichischen Strafgesetzbuch.** September 1909.) 2 M.

No. 30. **Das Ungarische Strafgesetzbuch über Verbrechen und Vergehen** (v. Gesetz. Artikel vom Jahre 1878) mit allen Abänderungen und Ergänzungen einschließlich der Ungarischen Strafgesetznovelle (XXXVI. Gesetzartikel vom Jahre 1908 und den bis 1908 ergangenen strafrechtlichen Nebengesetzen. 2 M. 50 Pf.

No. 31. **Japanisches Militär-Strafgesetzbuch** vom 9. April 1908. Gesetzblatt No. 46. — **Japanische Militär-Strafgerichtsordnung** vom 19. Oktober 1898, Gesetzblatt No. 2. Übersetzt von Remosuke Fujisawa, Berlin-Schöneberg. 1 M. 20 Pf.

No. 32. **Vorentwurf zu einem Strafgesetzbuch für das Königreich Serbien.** Nach der amtlichen Ausgabe des Justizministeriums übersetzt und herausgegeben von Zivko Topalovits aus Belgrad und Hans Landsberg aus Berlin. 2 M.

No. 33. **Das Alkoholgesetz in Chile** vom 18. Januar 1902. Übersetzt von Alfredo Hartwig. 1 M.

No. 34. **Das türkische Strafgesetzbuch** vom 9. August 1858 mit Novelle vom 4. April 1911 und den wichtigsten türkischen Strafnebengesetzen. Deutsche Übersetzung nebst Einleitung und Anmerkungen von Dr. jur. Erich Nord.

No. 35. **Englisches Spionage-Gesetz** vom Jahre 1911.

Druck von Leonhard Simion Nf. in Berlin SW.

Kolibri 360 GmbH
Ferdinand-Jühlke-Straße 7
99095 Erfurt, Deutschland
produktsicherheit@kolibri360.de